ABSOLUTE BEGINNERS'

BUSINESS German

MARIANNE HOWARTH

Hodder & Stoughton

A MEMBER OF THE HODDER HEADLINE GROUP

ACKNOWLEDGEMENTS

The author and publishers would like to thank the following for the use of their material in this book:

Continental AG for the logo on p. 72; *Wirtschaftswoche* for the form on p. 73; and Deutsche Bank for the material on pp. 112–113.

British Library Cataloguing in Publication Data

Howarth, Marianne
   Absolute Beginners' Business German. –
   Coursebook. – (Absolute Beginners'
   Business Language Series)
   I. Title   II. Series
   438.3

ISBN 0–340–58845–4

First published 1994

Impression number	10	9	8	7	6	5	4	3	2	1
Year		1988		1997		1996		1995		1994

Typeset by Wearset, Boldon, Tyne and Wear.
Printed in Great Britain for Hodder & Stoughton Educational, a division of Hodder Headline Plc, Mill Road, Dunton Green, Sevenoaks, Kent TN13 2YA by Thomson Litho Ltd, East Kilbride.

CONTENTS

Series Editor's Introduction

WHO IS THE *ABSOLUTE BEGINNERS'* SERIES FOR?

The *Absolute Beginners'* series of business language courses has been designed to meet two major, but related, requirements. One is the need many adult learners now have for competence in a foreign language in an occupational setting. The other is the need teachers have for introductory language courses aimed at the true beginner.

The objectives of the series are, therefore, to provide a thorough grounding in the basics of the language, while concentrating on the situations and vocabulary needs of someone working in a foreign business environment. As such, the *Absolute Beginners' Business Language* series will be of value in higher education, particularly in institution-wide language programmes, as well as in further and adult education. Members of the business community will find the series a useful introduction to other courses with a more pronounced business focus; teachers in secondary education may also wish to consider the series as an alternative to general language courses at post-16 level.

WHAT DOES THE SERIES COVER?

Each book in the *Absolute Beginners'* series follows the experiences of a student from the UK taking up a work placement in a foreign company. In the course of the first working day, the student is introduced to new colleagues, and gradually gets to know the office, the department and the working routine of the company. Other situations covered include making appointments, escorting visitors, showing someone round the company, telephoning and sending a fax, ordering supplies, making travel arrangements, visiting the canteen and socialising with colleagues. By the end of the course, students will have a thorough grounding in the basics of the language, in terms of grammar and a range of standard work vocabulary, as well as active practice in using the language in context via exercises designed particularly to develop listening comprehension and speaking skills.

HOW IS THE COURSE STRUCTURED?

Each book in the series consists of six chapters, each based on four short dialogues illustrating a typical working situation and introducing and/or reinforcing a key language point. The exercises following the dialogues provide a range of varied activities which develop receptive skills, including listening comprehension, and establish the basis for active speaking practice in the form of pairwork, role-plays and dialogue chains. Grammar points have been fully integrated into the text; as new grammar is introduced in the dialogues, brief explanations are given, followed by exercises offering further practice of the point concerned. Each chapter finishes with a detailed checklist of the language and communication skills covered. At the back of the book there is a comprehensive glossary with English equivalents.

The *Absolute Beginners'* series provides extensive opportunities for listening to and using the spoken language. All the dialogues and many of the exercises have been recorded on two C60 cassettes, available together with a Support Book containing the cassette transcripts and key to exercises.

RECOMMENDED COURSE LENGTH, ENTRY AND EXIT LEVELS

It is obviously difficult to specify precisely how much time it would take to complete a course in the *Absolute Beginners'* series, as individual classroom circumstances can vary so widely. Taken at a steady pace, the course can be completed in one 15-week semester, assuming a minimum of two hours' class contact per week and regular directed study. For many teaching colleagues, this could be an attractive option, but there would be very little time to incorporate other materials or activities. More conventionally, the course can be completed comfortably within an academic year, again assuming a minimum of two hours' class contact per week and regular directed study. On this basis, teachers would find that they had some time to devote to extending the range of language and situations covered and thus give the course an additional business or general focus.

As the series title indicates, the course is designed for learners with no prior knowledge of the language and it proceeds at their pace. The range of language, situations and grammar is deliberately modest, but this range is covered very thoroughly in order to lay sound foundations for subsequent language learning. The course has not been designed with the needs of any particular examinations syllabus in mind; rather, in writing the coursebooks in the series, authors have been guided by NVQ Level 1 standards for language competence at work, as defined by the Languages Lead Body.

THE *ABSOLUTE BEGINNERS'* SERIES AND THE *HOTEL EUROPA* SERIES

The *Absolute Beginners'* series acknowledges the debt it owes to the *Hotel Europa* series. Though a free-standing course in its own right, *Absolute Beginners'* utilises some of the same characters and settings from *Hotel Europa*; for example, the student is placed in the company which is the customer for the hotel's conference and accommodation facilities in *Hotel Europa*. Similarly, the approach in *Absolute Beginners'* mirrors that in *Hotel Europa* by basing the series on realistic working situations, accessible to teacher and learner alike, whatever their business background. Teachers using *Absolute Beginners'* and looking for a course to help their students to progress will find that *Absolute Beginners'* provides an excellent introduction to *Hotel Europa* and that the transition will be smooth.

ACKNOWLEDGEMENTS

On behalf of all the authors involved with the *Absolute Beginners'* series I should like to acknowledge the invaluable contribution of Tim Gregson-Williams and his team at Hodder & Stoughton to realising the concept for this series, and to thank the many colleagues and course participants – sadly too numerous to mention here – who have provided us with feedback and suggestions. We have very much appreciated their views and thank them all for their assistance.

Marianne Howarth
Department of Modern Languages
The Nottingham Trent University

Ankunft im Büro

ARRIVAL AT THE OFFICE

> **In this chapter you will learn how to:**
> * greet somebody
> * introduce yourself and someone else
> * learn some job titles
> * say where you come from
> * start to talk about countries and nationalities

DIALOG 1 *Guten Morgen*

Montag 8.00: Renate Knopf, Christoph Weiß und Franz Fischer am Haupteingang zur *Firma Continental*.

Monday 8.00 a.m.: Renate Knopf, Christoph Weiß and Franz Fischer at the main entrance to the Continental company.

Hören Sie der Kassette zu und sprechen Sie nach. Study these expressions. Then listen to them on cassette and repeat them in the pause provided.

guten Morgen	*good morning*
wie geht's?	*how are things?*
sehr gut danke	*very well thanks*
und Ihnen?	*and you?*

 Hören Sie Dialog 1 zu. *Listen to dialogue 1.*

CHRISTOPH WEISS: Guten Morgen, Frau Knopf.
RENATE KNOPF: Christoph. Guten Morgen. Wie geht's?
CHRISTOPH WEISS: Ach, es geht . . .
FRANZ FISCHER: Frau Knopf, Christoph, schön guten Morgen.
RENATE KNOPF: Hallo, Herr Fischer. Wie geht's?
FRANZ FISCHER: Sehr gut, danke. Und Ihnen?
RENATE KNOPF: Danke, gut.

AUFGABE 1.1

Who's saying what? Match the phrase to the graphic.

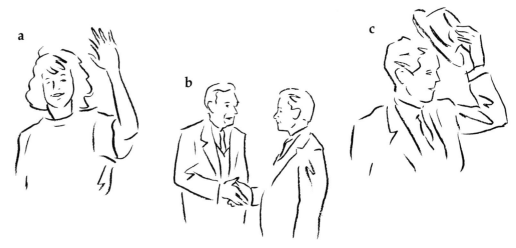

guten Morgen	Hallo	wie geht's?	danke, gut und Ihnen?

ZU BEMERKEN   *How to make more of your greeting*

Guten Morgen, Herr Schmidt
Hallo, Petra, wie geht's?
Danke, Herr Schmidt, gut – und Ihnen?

AUFGABE 1.2

Now listen to the cassette for some more practice on greeting people.

DIALOG 2   *Mein Name ist . . .*

Frau Bonny Hastings meldet sich bei Frau Knopf.

Ms Bonny Hastings reports to Mrs Knopf.

Hören Sie der Kassette zu und sprechen Sie nach. Study these expressions. Then listen to them on cassette and repeat them in the pause provided.

herein	*(come) in*
ja	*yes*
mein Name ist	*my name is . . .*
es freut mich sehr	*I'm very pleased to meet you*
es freut mich auch	*I'm pleased too*
bitte, kommen Sie herein	*please come in*

Hören Sie Dialog 2 zu.

RENATE KNOPF:	Herein.
BONNY HASTINGS:	Guten Morgen. Frau Knopf?
RENATE KNOPF:	Ja, guten Morgen . . .
BONNY HASTINGS:	Mein Name ist Bonny Hastings.
RENATE KNOPF:	Frau Hastings, schön guten Tag. Knopf, es freut mich sehr.
BONNY HASTINGS:	Frau Knopf, es freut mich auch.
RENATE KNOPF:	Bitte, kommen Sie herein.

ZU BEMERKEN   *Herr, Frau Fräulein?*

Herr Franz Fischer
Mr Franz Fischer

Frau Luise Schmidt
Ms Luise Schmidt

Frau Renate Knopf
Mrs Renate Knopf

Fräulein Lisa Berger
Miss Lisa Berger

task/duty

AUFGABE 2.1

Now introduce the following people to your colleague, Herr Schuster.

Beispiel   Herr Schuster, das ist Herr Christoph Weiß

Now listen to the cassette and check your answers.

AUFGABE 2.2

Partnerübung/Pairwork

You are registering the participants listed below at a conference organised by your company. How will they introduce themselves? How will you reply?

Partner A Mein Name ist . . .
Partner B Herr/Frau . . ., es freut mich sehr

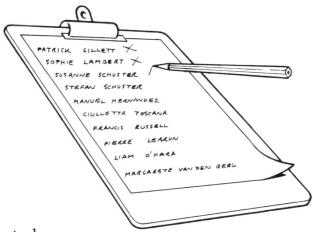

PATRICK GILLETT ✗
SOPHIE LAMBERT ✗
SUSANNE SCHUSTER
STEFAN SCHUSTER
MANUEL HERNANDEZ
GIULLETTA TOSCANA
FRANCIS RUSSELL
PIERRE LEBRUN
LIAM O'HARA
MARGARETE VAN DEN BERG

GRAMMATIK *sein* – to be

ich bin   du bist   er ist   sie ist   es ist

wir sind   ihr seid   Sie* sind   sie sind
*Sie = polite form of you

AUFGABE 2.3

Renate Knopf is talking about her colleagues to a visitor. Listen to what she is saying and fill in the gaps in the text below.

Wir ..... sechs Personen im Büro. Franz Fischer ..... der Chef. Ich ..... Sekretärin. Bonny Hastings ..... Praktikantin; sie ..... aus England. Christoph Weiß ..... Assistent. Und Sie? Sie ..... Patrick Gillet, nicht wahr?

ZU BEMERKEN

nicht wahr? is often attached to a statement to change it into a question or to check information.

Beispiel   *Sie sind Patrick Gillet, nicht wahr?*   You are Patrick Gillet, aren't you?

AUFGABE 2.4

Rollenspiel

Imagine you are receiving Herr Schuster to your department. Welcome your visitor. Listen to the cassette and give your answers in the pause provided.

Stefan Schuster: Sie:

Guten Tag. Mein Name ist Stefan Schuster.

Say good morning and introduce yourself with your surname.

Es freut mich sehr.

Say you're pleased too; ask your visitor to come in.

Vielen Dank.

Say Herr Schuster, how are you?

Sehr gut danke

DIALOG 3   *Willkommen bei Firma Continental*

Frau Knopf und Frau Hastings melden sich bei Herrn Fischer.

Mrs Knopf and Ms Hastings report to Mr Fischer.

Hören Sie der Kassette zu und sprechen Sie nach. Study these expressions. Then listen to them on cassette and repeat them in the pause provided.

das ist . . .	this is . . .
die Praktikantin	*the trainee* (f)
mein Assistent	*my assistant* (m)
willkommen	*welcome*
kommen Sie bitte mit	*please come with me*

Hören Sie Dialog 3 zu.

FRANZ FISCHER: Herein!

RENATE KNOPF: Herr Fischer. Das ist Frau Bonny Hastings.

FRANZ FISCHER: Ach, ja, die Praktikantin aus England? Frau Hastings, schön guten Tag.

BONNY HASTINGS: Guten Tag, Herr Fischer. Es freut mich sehr.

FRANZ FISCHER: Es freut mich auch. So, das ist Christoph Weiß, mein Assistent.

CHRISTOPH WEIß: Guten Tag, Frau Hastings. Willkommen bei Firma Continental.

BONNY HASTINGS: Guten Tag, Herr Weiß. Vielen Dank.

RENATE KNOPF: So, Frau Hastings. Kommen Sie bitte mit.

AUFGABE 3.1

Partnerübung/Pairwork

Partner A   Using the information below, introduce yourself to your partner by saying who you are and which country you come from. Then ask your partner about him/herself.

Partner B   Using the information below introduce yourself to your partner in response to his/her enquiry.

Beispiel   Mein Name ist John. Ich komme aus England. Und Sie?
Mein Name ist Paula. Ich komme aus Polen.

Partner A		**Partner B**	
John	England	Paula	Polen
Patrick	Irland	Karin	Österreich
Maria	Italien	Olga	Ungarn
Sascha	Rußland	Pierre	Frankreich
Carlos	Spanien	Wilhelm	Schweden
Petra	Deutschland	Julia	Holland
Antonia	Bulgarien	Michelle	Luxemburg

ZU BEMERKEN

Paul	Paula
Er ist Programmierer	Sie ist Programmiererin
Er ist Lehrer	Sie ist Lehrerin
Er ist Student	Sie ist Studentin

AUFGABE 3.2

Hier ist meine Karte

 a Hören Sie der Kassette zu und füllen Sie die Karten aus.
Listen to the cassette and complete the business cards using the information here.

Beispiel   Mein Name ist Patrick Gillet. Ich bin Marketingdirektor.

Marketingdirektor	Programmiererin		Finanzleiterin
Geschäftsführer	Kosmetikerin	Sportler	Verkaufsleiter
Bauleiter	Rechtsanwalt		Projektleiterin

Pierre Lebrun
Luxemburg

Francis Russell
England

Liam O'Hara
Irland

Lars Johansson
Dänemark

Giulletta Toscana
Italien

Patrick Gillet
Frankreich
Marketingdirektor

Manuel Hernandez
Spanien
Geschäftsführer

Sophie Lambert
Belgien

Margarete van den
Berg
Holland

Susanne Schuster
Österreich

b Partnerübung
Using the completed business cards, check that you have the correct
information by asking your partner appropriate questions.

Beispiel   Partner A: Ist Susanne Schuster Programmiererin?
Partner B: Nein, sie ist Finanzleiterin.

c Using your completed business cards, introduce each person to your
partner, giving the correct job title and country of origin.

Beispiel   Frau Knopf, das ist Herr Patrick Gillet, Marketingdirektor aus
Frankreich.

GRAMMATIK   *der/die/das*

In German all nouns have a capital letter and a gender: masculine, feminine
or neuter.
Beispiel   der Arbeitstisch (m), die Adresse (f), das Telefon (n)

AUFGABE 3.3

Look up the gender of these nouns in the glossary and then complete the
sentences below.

Büro (n)	Arbeitstisch (m)	Chef (m)	Computer (m)	Terminkalender (m)
Kaffee (m)	Sekretärin (f)	Telefon (n)	Firma (f)	Kugelschreiber (m)

eg. ——**Beispiel**
1 Das ist das Telefon

3 Das ist . . .
der Terminkalender

2 Das ist . . .
der Kugelschreiber

4 Das ist . . .
das Büro

5   Das ist . . .   8   Das ist . . .

6   Das ist . . .    9   Das ist . . .

7   Das ist . . .    10   Das ist . . .

AUFGABE 3.4

Was passiert? Match the sentences to the sketches they describe.

a   Das ist mein Büro.
b   Hier ist meine Karte.
c   Ihr Chef ist Herr Fischer, nicht wahr?

d   Ist das Ihr Kugelschreiber?
e   Das ist mein Sohn, Martin.
f   Arbeitet Ihre Frau bei Siemens?

1

2

3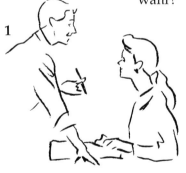

4

5

6

AUFGABE 3.5

mein/meine   Ihr/Ihre: Partnerübung

This exercise will help you to practise saying 'my' and 'your' in German.

ist das Ihr . . . ?
is that your . . . ?

das ist mein . . .
that is my . . .

das ist meine . . .

ist das Ihre . . .

Franz Fischer
Verkaufsleiter

Alter Postweg
D-98760 Schönstätten

Check with your partner that these objects belong to him/her. Remember to use *mein/Ihr* with *der* or *das* nouns, and *meine/Ihre* with *die* nouns.

Beispiel   Partner A: Ist das Ihr Telefon?
            Partner B: Ja, das ist mein Telefon.
            Partner A: Ist das Ihre Karte?
            Partner B: Ja, das ist meine Karte.

DIALOG 4   *Sie kommen aus . . .*

Frau Knopf lernt Bonny Hastings kennen.

Mrs Knopf is getting to know Bonny Hastings.

Hören Sie der Kassette zu und sprechen Sie nach. Study these expressions. Then listen to them on cassette and repeat them in the pause provided.

Sie kommen aus . . .	you come from
nicht weit von . . .	not far from
arbeiten Sie in . . . ?	do you work in . . . ?
ich studiere	I am studying

Hören Sie Dialog 4 zu.

RENATE KNOPF: Sie kommen aus England, nicht wahr?
BONNY HASTINGS: Ja, aus Brighton.
RENATE KNOPF: Oh, Brighton. Ist das in Nordengland?
BONNY HASTINGS: Nein, das ist in Südengland, nicht weit von London.
RENATE KNOPF: Arbeiten Sie in Brighton?
BONNY HASTINGS: Nein, ich bin Studentin, in Nottingham.
RENATE KNOPF: Ach so. Ist das auch in Südengland?
BONNY HASTINGS: Nein, ich studiere in Mittelengland!

AUFGABE 4.1

Listen to the cassette and complete the grid.

Name	kommt aus	arbeitet bei	studiert in
Bonny Hastings	Brighton		Nottingham
Renate Knopf	Berlin	Firma Continental	
Patrick Gillet			
Christoph Weiß			
Susanne Schuster			
Francis Russell			
Luise Schmidt			
Manuel Hernandez			
Sophie Lambert			
Lars Johanssen			
Pierre Lebrun			
Liam O'Hara			
Margarete van den Berg			

GRAMMATIK   *The present tense of verbs*

Study the way in which the endings on these verbs change. Most verbs used in this book follow this pattern.

Singular

komm**en** – *to come*
ich komm**e**   wir komm**en**
du komm**st**   ihr kommt
er/sie/es kommt   Sie/sie komm**en**   *plural*

studier**en** – *to study*
ich studier**e**   wir studier**en**
du studier**st**   ihr studier**t**
er/sie studier**t**   Sie/sie studier**en**

arbeit**en** – *to work*
ich arbeit**e**   wir arbeit**en**
du arbeit**est**   ihr arbeit**et**
er/sie arbeit**et**   Sie/sie arbeit**en**

The main form of the verb is called the infinitive (*kommen* – to come) and this is the form used in the glossary and in dictionaries.

AUFGABE 4.2

In this text all the verbs have been removed. Listen to the cassette and fill in the gaps using the correct form of the verbs in the box below.

kommen	besuchen *to visit*	wohnen	fliegen
arbeiten	machen *to do*	studieren	kosten

to cost

Frau Renate Knopf .... [*kommt*] aus Berlin. Sie .... [*wohnt* now] jetzt in Schönstätten .... [*und arbeitet*] bei der Firma Continental. Ihr Sohn Martin .... [*studiert*] in Mannheim. Er .... [*besucht* his] seine Mutter einmal im Monat. [*once   month*] Im Sommer .... [*fliegen* they] sie nach Australien. Sie .... [*machen*] Urlaub dort. [*holiday   there*] Das .... [*kostet*] viel Geld aber das .... viel Spaß. [*money   but   much   fun*]

AUFGABE 4.3

Rollenspiel

Imagine you will be starting a new job. Today you are visiting the department. Respond to your colleagues' enquiries and ask some polite questions of your own. Listen to the cassette and give your answers in the pause provided.

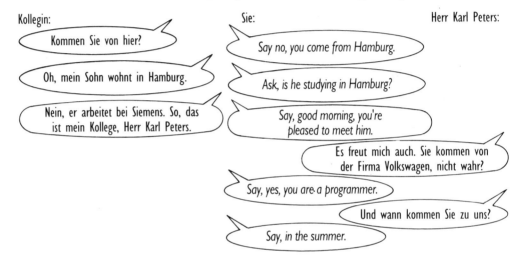

Kollegin:

Kommen Sie von hier?

Oh, mein Sohn wohnt in Hamburg.

Nein, er arbeitet bei Siemens. So, das ist mein Kollege, Herr Karl Peters.

Sie:

Say no, you come from Hamburg.

Ask, is he studying in Hamburg?

Say, good morning, you're pleased to meet him.

Say, yes, you are a programmer.

Say, in the summer.

Herr Karl Peters:

Es freut mich auch. Sie kommen von der Firma Volkswagen, nicht wahr?

Und wann kommen Sie zu uns?

WIEDERHOLUNG/REVISION

In this section you will have an opportunity to revise some of the language points covered in this chapter.

WIEDERHOLUNG 1

Listen to the cassette and identify the nationalities.

Beispiel   John ist Engländer.

Land	er	sie
Spanien	Spanier	Spanierin
Italien	Italiener	Italienerin
Irland	Ire	Irin
Luxemburg	Luxemburger	Luxemburgerin
Österreich	Österreicher	Österreicherin
Deutschland	Deutscher	Deutsche
Holland	Holländer	Holländerin
Südafrika	Südafrikaner	Südafrikanerin
Amerika	Amerikaner	Amerikanerin
England	Engländer	Engländerin

1   John ist . . .   2   Maria ist . . .

3   Olga ist . . .   4   Peter ist . . .

5   Sara ist . . .   6   Pierre ist . . .

7   Julia ist . . .   8   Michelle ist . . .

9   Patrick ist . . .   10   Matthias ist . . .

WIEDERHOLUNG 2

Richtig oder falsch?

	Richtig	Falsch

1   Christoph Weiß ist Assistent.

2   Frau Knopf fliegt im Sommer nach Irland.

3   Wir sind sechs Personen im Büro.

4   Herr Fischer arbeitet bei Firma Continental.

5   Bonny Hastings kommt aus Nordengland.

WIEDERHOLUNG 3

How would you say in German?

1   Pleased to meet you.

2   Peter is his assistant.

3   Louise is a programmer.

4   I work for the Continental company.

5   Her son is studying in Berlin.

WIEDERHOLUNG 4

Partnerübung

Complete the business cards. Ask your partner for the missing information.

Beispiel   Patrick Gillet ist Marketingdirektor. Wo arbeitet er?
Patrick Gillet arbeitet bei der Société Jamalex.

Partner A

Patrick Gillet	Marketingdirektor
Sophie Lambert	Programmiererin
Susanne Schuster	Finanzleiterin
Christoph Weiß	Verkaufsassistent
Petra Zimmermann	Bankettleiterin
Dr. Stefan Schreiber	Geschäftsführer

Partner B

Patrick Gillet	Société Jamalex
Sophie Lambert	Nixdorf Computer GmbH
Susanne Schuster	Universität Innsbruck
Christoph Weiß	Firma Continental AG
Petra Zimmermann	Hotel Europa GmbH
Dr. Stefan Schreiber	Schreiber Papierwaren

WIEDERHOLUNG 5

Rollenspiel

Herr Wilhelm Schneider has just started his new job at Firma Schuster GmbH. Here he is meeting one of his new colleagues, Frau Luise Schmidt, for the first time. Working in pairs, play the roles of Luise Schmidt and Wilhelm Schneider.

LUISE SCHMIDT

WILHELM SCHNEIDER

Greet Herr Schneider and welcome him.

Return the greeting; say you're pleased to meet her.

Ask him to come in and take a seat.

Say thank you; that's very kind.

Say you think he comes from Marburg.

Say yes and ask, does she know Marburg?

Say no, but you come from Frankfurt.

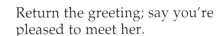

That's not far away.

The telephone rings

Say excuse me please.

Say of course.

These expressions will help you:

LUISE SCHMIDT		WILHELM SCHNEIDER	
nehmen Sie Platz	*take a seat*	kennen Sie . . .	*do you know?*
ich glaube,	*I think*		*(a person/place)*
entschuldigen Sie bitte	*please excuse me*	das ist sehr freundlich	*that's very kind*
		selbstverständlich	*of course*

Abschluß

Before you move on to *Abschnitt 2*, make sure that you can:

• greet somebody informally	*guten Tag, Frau Knopf*
• introduce yourself	*mein Name ist . . .*
• introduce someone else	*das ist Herr/Frau . . .*
• say what your job is	*ich bin Programmierer/in*
• say where you come from	*ich komme aus Brighton*
• say what your nationality is	*ich bin Spanier/in*
• check information about other people	*Sie sind Marketingdirektor, nicht wahr?*

Der Arbeitstag beginnt

working day

THE WORKING DAY STARTS

In this chapter you will learn how to:
- **give some details about your working situation**
- **discuss arrangements**
- **list your appointments**
- **start to use numbers**
- **ask some direct questions.**

DIALOG 1 *Wir sind sechs Personen in der Abteilung*

Frau Knopf beschreibt die Abteilung.

Frau Knopf describes the department.

🔲 Hören Sie der Kassette zu und sprechen Sie nach:

in der Abteilung	in the department
drüben	over there
sie hat heute frei	she has a day off today

🔲 Hören Sie Dialog 1 zu.

RENATE KNOPF:	So, Frau Hastings. Das ist Ihr Büro.
BONNY HASTINGS:	Hm, schön. Vielen Dank, Frau Knopf.
RENATE KNOPF:	Wir sind sechs Personen in der Abteilung. Herr Fischer ist der Chef. Christoph ist sein Assistent. *is to be assistant.*
BONNY HASTINGS:	Ich verstehe. Und Sie? *I understand. And you?*
RENATE KNOPF:	Ich bin die Sekretärin. Das ist mein Büro drüben.
BONNY HASTINGS:	Ach so, ja.
RENATE KNOPF:	So, Sie arbeiten mit Christine, aber sie hat heute frei. *but*
BONNY HASTINGS:	Aha. Kommt sie morgen?
RENATE KNOPF:	Ja, ja. So, der Arbeitstisch drüben ist für Sie. Und hier sind Informationen über Firma Continental. *for ... about*

AUFGABE 1.1   *task*

Wir sind *sechs* Personen in der Abteilung.

🔲 **a** Wer ist wer? Füllen Sie den Organigramm aus. Listen to the dialogue again and fill in as much information on the organisation chart as you can.   *Who ... who ... You fill in the organisation chart*

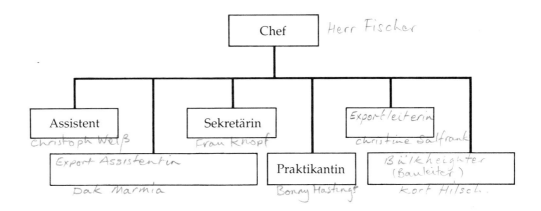

🔲 **b** Welche Informationen fehlen? Hören Sie der Kassette zu und notieren Sie die Namen und die Stellen.   *which ... missing ... job/post*

ZU BEMERKEN

Forming plurals in German

Most nouns in German add an ending to form their plural, but not all do. Unfortunately, there are no simple rules to help you. The glossary lists the plural endings of nouns as follows: *Karte (-n), Computer (-), Tisch (-e).*

Here are the plurals of some nouns you already know. Some have endings.
Others do not.

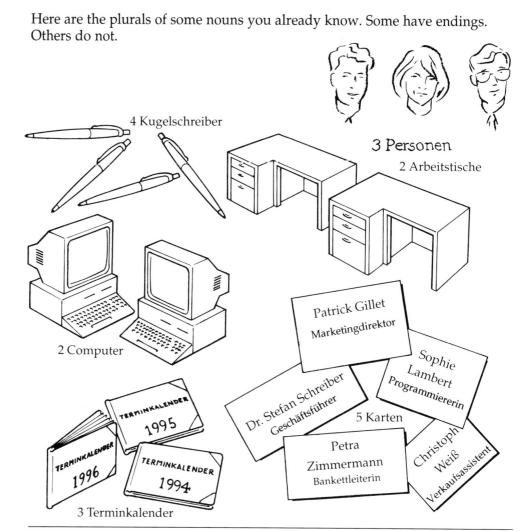

4 Kugelschreiber

3 Personen

2 Arbeitstische

2 Computer

Patrick Gillet
Marketingdirektor

Dr. Stefan Schreiber
Geschäftsführer

Sophie
Lambert
Programmiererin

5 Karten

Petra
Zimmermann
Bankettleiterin

Christoph
Weiß
Verkaufsassistent

TERMINKALENDER 1995

TERMINKALENDER 1996

TERMINKALENDER 1994

3 Terminkalender

AUFGABE 1.2

Eins, zwei, drei . . .

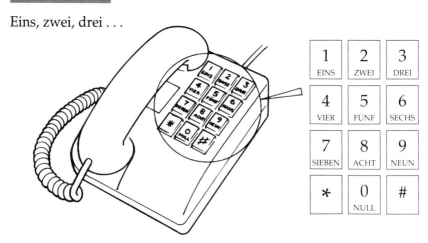

1 EINS	2 ZWEI	3 DREI
4 VIER	5 FÜNF	6 SECHS
7 SIEBEN	8 ACHT	9 NEUN
*	0 NULL	#

a   Listen to the cassette and repeat the numbers in the gaps provided.

 b   Listen to the cassette and enter the missing number in the space provided:

1 Wir sind ...4... Personen in der Abteilung.

2 Herr Fischer hat ...3... Assistenten.

3 Die Adresse ist Parkstraße ...6...

4 Wir reservieren ...7... Hotelzimmer.

5 Christine ist morgen um ...8... *again* wieder im Büro.

c   Partnerübung

Partner A   Check the statements in **b** with your partner, using *nicht wahr?*

Beispiel   Wir sind vier Personen in der Abteilung, nicht wahr?

Partner B   Your partner keeps making a mistake; the figure is always one short. Give the correct figure.

Beispiel   Wir sind vier Personen in der Abteilung, nicht wahr?
Nein, (wir sind) fünf (Personen).

DIALOG 2   *Hier ist die Post*

Christoph Weiß bringt die Post.

Christoph Weiß brings the post.

 Hören Sie der Kassette zu und sprechen Sie nach:

das ist für Sie	*this/that is for you*
was haben wir heute?	*what have we got today?*
nicht viel	*not much*
schon	*already*

Hören Sie Dialog 2 zu.

CHRISTOPH WEIß: So, das ist für Sie, Frau Knopf.
RENATE KNOPF: Vielen Dank, Christoph. So, was haben wir heute? *what have we got?*
CHRISTOPH WEIß: Nicht viel, aber ich glaube, der Marketingbericht ist dabei. *but. report*
RENATE KNOPF: Meinen Sie den Bericht von Herrn Dr. König?
CHRISTOPH WEIß: Ja genau. Ist er nicht da? *exactly. there*
RENATE KNOPF: Nein, nein. Den Bericht haben wir schon. Das hier ist der *already* Katalog von der Firma Schuster.

not much.
meinen = think

GRAMMATIK   *Introducing cases in German*

der/die/das may change depending on the **case** of the noun concerned. There are four cases in German. At this stage, you will practise only two of them though you may read and hear the others in dialogues.

The **nominative** case is used when the noun is the subject of the sentence

Beispiel

Der Katalog ist da   Die Post ist da   Das Papier ist da

The **accusative** case is used when the noun is the direct object of the sentence. Look at the way *der* changes to *den* when the noun is in the accusative case.

Beispiel

Christoph hat den Katalog

but *die* and *das* do not change in the accusative case.

Christoph hat die Post   Christoph hat das Papier

AUFGABE 2.1

Was hat Christoph?

Practise using the accusative case with *der/die/das*. Listen to the cassette and answer your colleague's questions.

Beispiel   Ist das Adreßbuch da?
          Nein, Christoph hat das Adreßbuch.

to note .

ZU BEMERKEN   Another way of asking simple questions is to reverse the order of the verb and the subject.

Beispiel   Wir haben das Adreßbuch.
          Haben wir das Adreßbuch?

haben *to have*
         ich habe   wir haben
         du hast   ihr habt
         er/sie/es hat   sie haben
                             Sie haben

AUFGABE 2.2

. . . von der Firma . . . : Partnerübung

You and your colleague will be attending an important meeting at your company's head office. Together you are checking through the documentation you will need.

Beispiel   Partner A: der Marketingbericht   Firma König
                     Haben wir den Marketingbericht von der Firma
                     König?

          Partner B: Ja, den Bericht haben wir schon.
                     der Katalog   Firma Schuster
                     Haben wir den Katalog von der Firma Schuster?

Partner A
der Marketingbericht   Firma König
die Preisliste   Firma Peters
der Prospekt   Firma Breitner
die Telefonnummer   Firma Hoffman

Partner B
der Katalog   Firma Schuster
die Adresse   Firma Breitscheid
der Brief   Firma Brandt
die Broschüre   Firma Bürodienst

AUFGABE 2.3 *tape says 2.4.!*

388

Rollenspiel

A colleague from another part of the organisation has called in to pick up some documents and is catching up on the organisation of your department. Listen to the cassette and give your side of the conversation in the pause provided.

female co-worker
Mitarbeiterin: Sie:

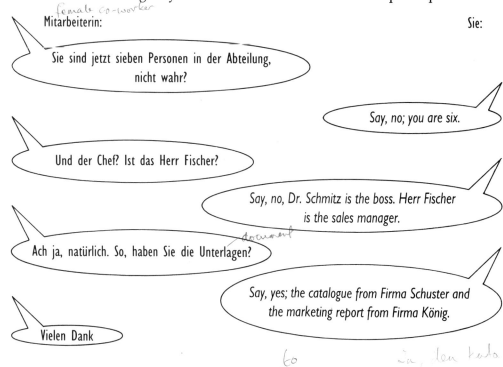

Sie sind jetzt sieben Personen in der Abteilung, nicht wahr?

Say, no; you are six.

Und der Chef? Ist das Herr Fischer?

Say, no, Dr. Schmitz is the boss. Herr Fischer is the sales manager.

document
Ach ja, natürlich. So, haben Sie die Unterlagen?

Say, yes; the catalogue from Firma Schuster and the marketing report from Firma König.

Vielen Dank

Ja, den Kata

DIALOG 3 *on Wednesday* *to after* *Sie fliegen am Mittwoch nach Berlin*

Herr Fischer und Frau Knopf diskutieren Termine.

Mr Fischer and Mrs Knopf are discussing appointments.

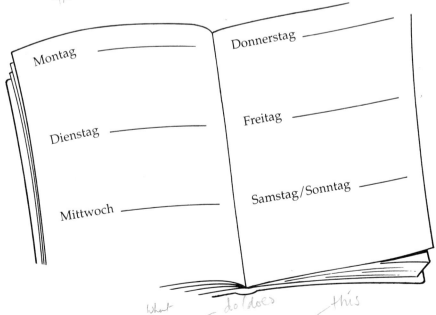

🔊 Hören Sie der Kassette zu und sprechen Sie nach:

um 14.00 Uhr	*at 2.00 p.m.*
vielleicht	*perhaps*
eine Stunde	*one hour*
vergessen Sie nicht	*don't forget*
ist das alles?	*is that everything?*

🔊 Hören Sie Dialog 3 zu.

FRANZ FISCHER: So, Frau Brandt kommt heute um 14.00 Uhr, nicht wahr?
RENATE KNOPF: Richtig. Wie lange dauert Ihr Gespräch?
FRANZ FISCHER: Vielleicht eine Stunde?
RENATE KNOPF: In Ordnung. Aber vergessen Sie nicht den Termin mit Herrn
　　　　　　　　 Dr. Berger.
FRANZ FISCHER: Um 16.00 Uhr – ich weiß schon. So, ist das alles für heute?
RENATE KNOPF: Ja, aber Sie fliegen am Mittwoch nach Berlin . . .
FRANZ FISCHER: Ach, richtig. Haben Sie den Flugschein schon?
RENATE KNOPF: Ja natürlich. Hier ist er. Und hier ist die Hotelreservierung.
　　　　　　　　 Ein Einzelzimmer mit Bad und Frühstück.

🔊 **AUFGABE 3.1**

Ihre Termine für diese Woche

Sie sind Frau Knopf. Was macht Herr Fischer diese Woche? Hören Sie der
Kassette zu und tragen Sie die Termine in den Terminkalender ein.

Beispiel Montag, 14.00 Uhr, Frau Brandt

AUFGABE 3.2

Termine, Termine: Partnerübung

You are trying to arrange a meeting with your colleague. Here are your appointments this week. Find out from your partner what appointments he/she has and complete the diary.

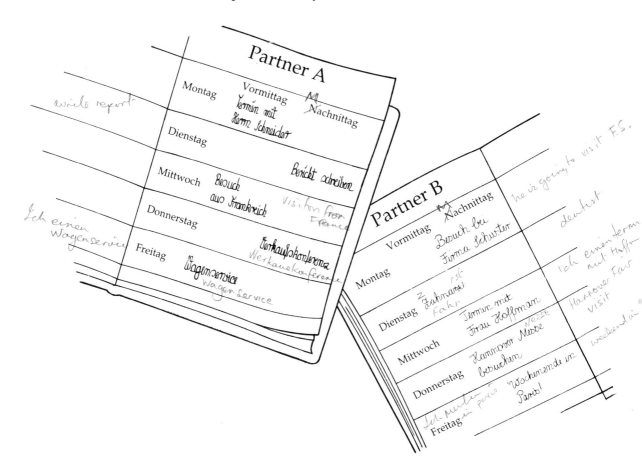

GRAMMATIK

Saying 'it' in German: *er/sie/es*

In *Abschnitt 1* you learnt to use *er* (he) and *sie* (she). Here you will learn how they can be used to mean 'it', depending on whether the noun is *der* or *die*. For *das* nouns, you use *es*.

Like *der/die/das*, *er/sie/es* may change, depending on case. At this stage you will practise the nominative case only.

Beispiel

Hier ist der Katalog (M)   Hier ist er
Hier ist die Hotelreservierung (f)   Hier ist sie
Hier ist das Adreßbuch (n)   Hier ist es

ZU BEMERKEN

Compound nouns

These nouns are formed by putting two or more nouns together. The gender of the compound noun is the same as the last noun in the compound.

Beispiel   das Hotel + die Reservierung = die Hotelreservierung

AUFGABE 3.3

Look up the gender of these nouns in the glossary and then complete the sentences below.

Computer *m*	Einladung *f* (invitation)	Brief *m* (letter)	Preisliste *f*
Prospekt *m* (brochure)	Kugelschreiber *m*	Flugschein *m* (air ticket)	Adresse *f*
Telefonnummer *f*	Bericht *m*	Terminkalender *m*	Kaffee *m*

Beispiel

1 Hier ist der Brief.
  Hier ist er.

2 Hier ist . *die Adresse*
  Hier ist . . *die*

Alter Postweg
D-98760 Schönstätten

3 Hier ist . *die Telefonnummer*
  Hier ist . . *sie*

45 93 19

4 Hier ist . *der*
  Hier ist . *er*

5 Hier ist . *der flugschein*
Hier ist . . *er*

6 Hier ist . *der kaffee*
Hier ist . *er*

7 Hier ist . *die*
Hier ist . *Sie*

8 Hier ist . *der*
Hier ist . *er*

9 Hier ist . *der*
Hier ist . *er*

10 Hier ist . *der kugelschreiber*
Hier ist . . *er*

11 Hier ist . *die*
Hier ist . *sie*

12 Hier ist . *der*
Hier ist . *er*

Task

AUFGABE 3.4   *pairwork exercise*

Where
Wo ist . . . : Partnerübung

Partner A   *look* *this*
Sie suchen diese Artikel. Ihr Partner weiß, wo sie sind. Fragen *question*
Sie Ihren Partner.

Beispiel   Wo ist der Kugelschreiber?

Partner B   Ihr Partner sucht diese Artikel. Sie wissen, wo sie sind. *Where they are*
Beantworten Sie Ihren Partner.

Beispiel   Wo ist der Kugelschreiber?
answer
Da ist *er*.

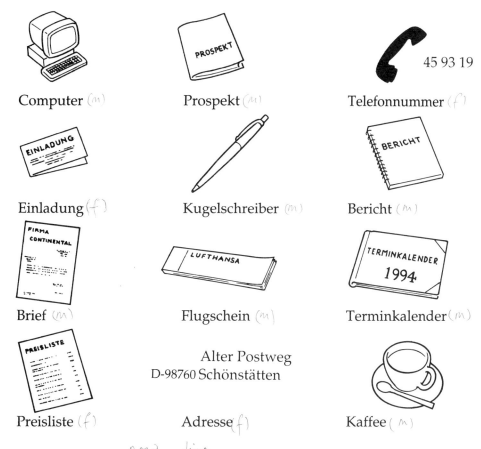

Computer (m)

Prospekt (m)

Telefonnummer (f)
45 93 19

Einladung (f)

Kugelschreiber (m)

Bericht (m)

Brief (m)

Flugschein (m)

Terminkalender (m)

Preisliste (f)

Adresse (f)
Alter Postweg
D-98760 Schönstätten

Kaffee (m)

DIALOG 4 *Haben Sie jetzt Zeit?*
now time

Christoph and Bonny trinken eine Tasse Kaffee.
und

Christoph and Bonny are having a cup of coffee.

Hören Sie der Kassette zu und sprechen Sie nach:

wie lange bleiben Sie?	*how long are you staying?*
dann fahre ich . . . zurück	*then I'm going back . . .*
fertig	*finished*
noch nicht	*not yet*
haben Sie jetzt Zeit?	*do you have time now?*

Hören Sie Dialog 4 zu.

CHRISTOPH WEIß: Wie lange bleiben Sie bei uns?
BONNY HASTINGS: Sechs Monate. Dann fahre ich nach England zurück.
CHRISTOPH WEIß: Und was machen Sie dann in England?
BONNY HASTINGS: Ich mache das Studium fertig. Aber das dauert noch zwei Semester.
CHRISTOPH WEIß: Ich verstehe. Also, ich glaube, Sie kennen die Abteilung noch nicht?
BONNY HASTINGS: Nein, noch nicht.
CHRISTOPH WEIß: Haben Sie jetzt Zeit? Gut, dann kommen Sie mit.

AUFGABE 4.1

Bonny and her new colleagues are discussing their plans. Listen to the cassette and complete the grid below.

	Renate Knopf	Franz Fischer	Bonny	Christoph
Januar				
Februar				
März				
April				
Mai				
Juni				
Juli				
August				
September				
Oktober				
November				
Dezember				

AUFGABE 4.2

Ich habe eine Frage

wie?	wo?	wer?	wann?	was?

End of Side 1 (handwritten)

a   Choose the appropriate question word to complete the question.

1 ..... fliegt Herr Fischer nach Berlin?   *Wann* / *Wo* (handwritten) / *after* (handwritten)

2 ..... macht Frau Knopf im Sommer?   *Was* (handwritten)

3 ..... lange bleibt Bonny Hastings bei Firma Continental?   *Wie* (handwritten)

4 ..... ist das Adreßbuch?   *Wo* (handwritten)

5 ..... ist der Chef?   *Wer* (handwritten)

b   Now match your question with the correct answer.

question (handwritten)   *answer/reply* (handwritten)

Frage	Antwort
1	sechs Monate
2	Christoph hat es *4*
3	Herr Fischer *3*
4	Sie fliegt nach Australien *2*
5	am Mittwoch *1*

AUFGABE 4.3

Rollenspiel

Herr Fischer is giving an interview to the editor of Firma Continental's in-house magazine. Play the role of Herr Fischer and answer the editor's questions. Listen to the cassette and give your answers in the pause provided.

Redakteurin: Herr Fischer:

Ich glaube, Sie sind sechs Personen in der Abteilung.

Wir sind. (handwritten)

Say, no we are seven now. We have a trainee from England

Ach ja, natürlich. Und wie lange bleibt sie in der Abteilung?

Say, you think six months.

Interessant. So, Herr Fischer, Sie fliegen morgen nach Berlin, nicht wahr?

Die Firma Con (handwritten)

Say, yes, that's right. The Continental company has an office in Berlin.

Und wie lange bleiben Sie in Berlin?

Say you are flying back on Friday.

WIEDERHOLUNG

WIEDERHOLUNG 1

— *repetition*

a *Hotel Europa* is updating its guest information card. Listen to the cassette and complete the directory of hotel services.

	enfung	*restaurant*	*zimmerservice*	*House haut*	*vickdenst*	*centrale*
Nummer	00	15	12	08	04	07

b Listen to the cassette and complete the list of telephone area codes.

Vorwahlen Inland

Bonn   0228

Dresden   0351

Frankfurt am Main 069

Hannover 0511

Leipzig   0341

Stuttgart   0711

Berlin   030

Düsseldorf 0211

Essen   0201

Hamburg   040

Köln   0221

München   089

WIEDERHOLUNG 2

Richtig oder falsch?

Richtig   Falsch

1 Bonny Hastings hat einen Termin mit Frau Brandt.

2 Herr Fischer fliegt am Mittwoch nach Berlin.

3 Der Marketingbericht ist nicht im Büro.

4 Christine hat heute und morgen frei.

5 Frau Knopf hat den Flugschein schon.

WIEDERHOLUNG 3

Bilden Sie Sätze *form sentences*

Choose one element from each column to make a complete sentence.

Beispiel Bonny bleibt sechs Monate bei Firma Continental

Herr Fischer	bleibt *stay*	den Katalog	mit Bonny
Frau Knopf	trinkt	morgen (A)	bei Firma Coninental
Bonny	kommt (A)	am Mittwoch	von der Firma Schuster
Christoph (B)	fliegt	sechs Monate	wieder (A) *back (a zum wiedersein)*
Christine (A)	hat (B)	eine Tasse Kaffee	nach Berlin

WIEDERHOLUNG 4

Partnerübung

Complete the appointments diary. Ask your partner for the missing information.

Beispiel Was machen Sie um 10.00 Uhr? *make*
Ich lese die Post.

WIEDERHOLUNG 5

Rollenspiel

Herr Fischer is checking into his hotel in Berlin. Karin Lohmeyer is the duty receptionist. Working in pairs, play the roles of Karin Lohmeyer and Franz Fischer.

KARIN LOHMEYER

Greet the guest.

FRANZ FISCHER

Return the greeting; give your name and your company.

Say, of course, Herr Fischer; welcome him to the hotel; ask how long he's staying.

Say you're flying back on Friday.

Give Herr Fischer his key,* say it's room 86.**

Ask when breakfast is.

Say (it's) at 7 o'clock.

Say thank you.

 * der Schlüssel – *room key*
** 86 – *sechsundachtzig*

Abschluß

Before you move on to *Abschnitt 3*, make sure that you can:

- give information
- describe your work situation briefly
- understand numbers up to 100
- describe aspects of your schedule
- ask simple questions

Christoph hat den Katalog
wir sind sechs Personen in der Abteilung
das ist Zimmer 86
ich habe einen Termin um 16.00 Uhr
was machen Sie im Sommer?

Firma Continental

In this chapter you will learn how to:
- **understand directions and locations**
- **respond to enquiries**
- **give your address and telephone number**
- **express some preferences**
- **use the alphabet.**

DIALOG 1   *Da links*

learn

kennenlernen = get to know

Bonny lernt die Firma kennen.

Bonny is getting to know the company.

Hören Sie der Kassette zu und sprechen Sie nach:

geradeaus	*straight ahead*
rechts	*right*
daneben	*next to/beside*
um die Ecke	*around the corner*
links	*left*
unten	*downstairs*
die Treppe hoch	*up the stairs*
im Erdgeschoß	*on the ground floor*

Hören Sie Dialog 1 zu.

CHRISTOPH WEIß: Wir gehen jetzt geradeaus. Da rechts ist der Fotokopierer. Der Schrank daneben ist für Papier. So, hier um die Ecke ist der Getränke-Automat und da links finden Sie eine Sitzecke für Besucher.

BONNY HASTINGS: Das ist schön. Aber der Hauptempfang ist unten, nicht wahr?

CHRISTOPH WEIß: Ja, ja. So, gehen wir hier die Treppe hoch. Auf der rechten Seite ist der Sitzungsraum, links davon die Küche. Sie ist aber sehr klein. Sie kennen ja die Kantine unten im Erdgeschoß?

BONNY HASTINGS: Ich glaube nicht.

AUFGABE 1.1

Wo ist . . . ?
a Studieren Sie diese Bilder und hören Sie Dialog 1 wieder zu. Machen Sie Notizen.

Beispiel Der Fotokopierer ist da rechts.

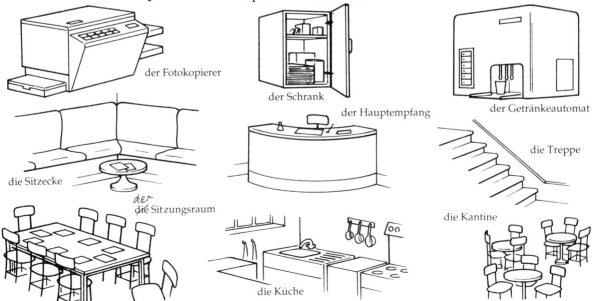

der Fotokopierer

der Schrank

der Hauptempfang

der Getränkeautomat

die Sitzecke

die Treppe

der/die Sitzungsraum

die Kantine

die Küche

b   Dieser Plan von *Firma Continental* ist nicht vollständig. Welche Informationen fehlen? Hören Sie Dialog 1 wieder zu und machen Sie den Plan fertig.   *missing*

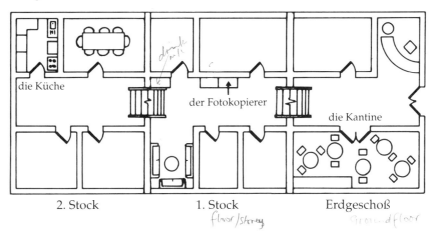

die Küche

der Fotokopierer

die Kantine

2. Stock   1. Stock   Erdgeschoß
                  floor/storey   *Groundfloor*

neben der Treppe

🔲 **AUFGABE 1.2**

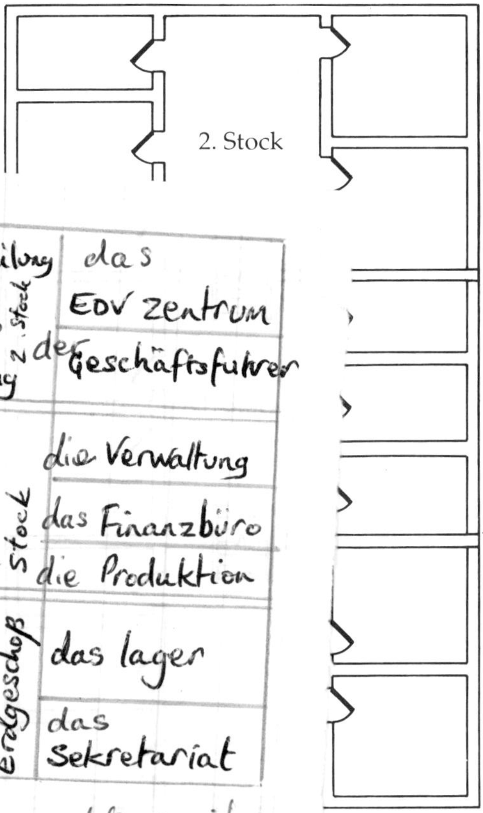

Homework

2. Stock

You are designing a brochure for *Firma Schuster GmbH*. This is a list of the various offices and departments.

die Personalabteilung
die Exportabteilung
~~das~~ die Marketingabteilung
das Sekretariat
das Finanzbüro
die Kantine   *kitchen*
die Toiletten
der Hauptempfang   *main reception*
~~die~~ das Verkaufsbüro   *Sales office*
der Sitzungsraum   *meeting room*
die Verwaltung   *administration*
der Geschäftsführer   *managing director*
die Produktion
das Lager   *storeroom*
das EDV Zentrum   *Computerroom*

Listen to the cassette and mark these departments in the correct position on the floorplan.

Handwritten floorplan grid:

die Marketingabteilung	das EDV Zentrum
das Verkaufsbüro	der Geschäftsführer
die exportabteilung	
die toiletten	die Verwaltung
die kantine	das Finanzbüro / die Produktion
Personalabteilung	das lager
Sitzungsraum	
Hauptempfang	das Sekretariat

2. Stock   1. Stock   Erdgeschoß

links siehe Ziffer Seite   *rechts siehe Ziffer Seite.*

durch Tür
through door

GRAMMATIK   *Introducing the dative case of der/die/das*

The **dative** case of *der/die/das* is most commonly used after a preposition (e.g. *in, von, mit, bei*) to indicate where people or objects are, where they are from, who or what they are with etc. In the dative case, *der* and *das* change to *dem*, and *die* changes to *der*.

im = in dem

Beispiel

der Sitzungsraum	die Kantine	das Büro
dem Sitzungsraum	der Kantine	dem Büro

You have seen and heard examples of the dative case in expressions such as:

> . . . von **der** Firma Schuster
> . . . Hastings **am*** Apparat
> . . . **im*** Erdgeschoß

*am = an dem   *on the*
im = in dem

The following exercise and others in this chapter will help you to practise saying where people or objects are using *in* plus the dative case.

Imagine someone is asking you: *Wo ist Christoph?*.
You could give any of these answers:

der Sitzungsraum/das Büro	die Kantine
Er ist **im** Sitzungsraum	Er ist **in der** Kantine
Er ist **im** Büro	

AUFGABE 1.3

it = es.

Partnerübung

Working with a partner, complete the grid to show where the people and objects are.

Beispiel   Herr Fischer ist *im Büro*.

wo ist

Herr Fischer	ist	im Büro
Das Papier	ist	im schrank.
Frau Knopf	ist	d
Der Fotokopierer	ist	verk... der
Christine	ist	stuhl der
Bonny	ist	Bank der
Der Chef	ist	im o
Christoph	ist	der k
Die Preisliste	ist	im katalog.
Der Getränkeautomat ist		in ... Er

Schrank *der* m
Stadt f
Büro n
Kantine f
Küche f
Verkaufsabteilung f
Bank f
Katalog m
Sitzungsraum m
Erdgeschoß n

DIALOG 2 *Ein Telefonanruf*

Hastings am Apparat.

Hastings speaking.

Hören Sie der Kassette zu und sprechen Sie nach:

Hastings am Apparat	*Hastings speaking (on the phone)*
hier Langner	*Langner here (on the phone)*
können Sie …?	*can you …?*
Sie müssen	*you must*
wann soll ich kommen?	*when should I come?*
im Nebengebäude	*in the annexe*

Hören Sie Dialog 2 zu.

BONNY HASTINGS: Verkaufsbüro, Hastings am Apparat.
BRIGITTE LANGNER: Guten Tag, Frau Hastings. Hier Langner von der
                      Personalabteilung. Willkommen bei Firma Continental.
BONNY HASTINGS: Vielen Dank, Frau Langner. Das ist sehr freundlich von
                      Ihnen.
BRIGITTE LANGNER: Frau Hastings, können Sie heute in die Personalabteilung
                      kommen? Sie müssen hier ein Formular ausfüllen.
BONNY HASTINGS: Selbstverständlich. Wann soll ich kommen?
BRIGITTE LANGNER: Sagen wir um 15.00 Uhr? Das ist Zimmer 86, im
                      Nebengebäude.

ZU BEMERKEN   von + dem = **vom**

Beispiel   Das ist Herr Fischer **vom** Verkaufsbüro

    AUFGABE 2.1

Darf ich vorstellen?

Listen to the cassette and match the names to the department or the company.

1	Andreas Breitner	**a**	Firma Continental AG
2	Sophie Lambert	**b**	Finanzbüro
3	Karl Peters	**c**	Verkaufsabteilung
4	Susanne Schuster	**d**	Hotel Europa GmbH
5	Dieter Lenz	**e**	Sekretariat
6	Brigitte Langner	**f**	Schreiber Papierwaren
7	Christoph Weiß	**g**	Hauptempfang
8	Petra Zimmermann	**h**	Marketingabteilung
9	Dr. Stefan Schreiber	**i**	Société Jamalex
10	Angelika Franke	**j**	Universität Innsbruck

AUFGABE 2.2

Partnerübung

Introduce these people to your partner.

Partner A

Brigitte
Langner
Personal-
abteilung

Franz
Fischer
Verkaufsbüro   *Vom*

Susanne Jäger
Hauptempfang   *der*

Karl Peters
Schreiber
Papier-
waren

Dr. Stefan Berger
Geschäftsführung

(n)

Partner B

Michael
Wald
Marketingabteilung

Sophie
Lambert
Société Jamalex

Carmen Bravo
Tochtergesellschaft
in Spanien

Renate
Knopf
Sekretariat

Andreas Breitner
Hotel Europa GmbH

(f)   *das ist SC von der Firm S.J.*   *(f)*

Beispiel   Das ist Frau Brigitte Langner von der Personalabteilung

---

GRAMMATIK   *können, müssen*

These verbs are often used with another verb to express the idea that someone *can* or *must* do something. They are called modal auxiliary verbs. The pattern of endings is not exactly the same as you have met so far, so study their endings carefully. Note also that the other verb comes at the end of the sentence.

Beispiel   *Können Sie* heute in die Personalabteilung *kommen*?

können – *to be able to/can*
ich kann	wir können
du kannst	ihr könnt
er/sie/es kann	Sie/sie können

Beispiel   *Sie müssen* ein Formular *ausfüllen*

müssen – *to have to/must*
ich muß	wir müssen
du mußt	ihr müßt
er/sie/es muß	Sie/sie müssen

ZU BEMERKEN

More modal auxiliary verbs

sollen – *to ought to*   ich/er/sie/es soll   wir/Sie/sie sollen
wollen – *to want to*   ich/er/sie/es will   wir/Sie/sie/wollen
dürfen – *to be allowed to* ich/er/sie/es darf   wir/Sie/sie dürfen

and also *would like to*
ich/er/sie/es möchte   wir/Sie/sie möchten

AUFGABE 2.3

Form 6 sentences.

Bilden Sie sechs Sätze.

object?   *2ⁿᵈ verb?*

1 8 18 20
6 7 14 23

1 Bonny	7 kann	13 das Adreßbuch	19 helfen *help*
2 Franz Fischer	8 soll	14 Bonny	20 sprechen
3 Renate Knopf	9 muß	15 den Marketingbericht	21 trinken
4 Christoph	10 möchte	16 in die Personalabteilung	22 schreiben
5 Karl Peters	11 darf	17 keinen Kaffee *no coffee*	23 nicht finden
6 Christine	12 will	18 Englisch	24 gehen *walk*

AUFGABE 2.4

Rollenspiel

You work in the Personnel Department of your company. You are making an appointment for a new colleague to call into your office. Listen to the cassette and give your side of the dialogue in the pause provided.

do on the cassette

Kollegein: Sie:

> Marketingabteilung, Schmitz am Apparat.

g   *Ich*

> Say, good morning Ms Schmitz and introduce yourself.
> Say which department you are from.

> Guten Tag. Was kann ich für Sie tun?

what   *to do*

Sie müssen hier ein Formular ausf...

> Say, can she come to the personnel department.
> She has to fill in a form.

> Ja, natürlich. Wann soll ich kommen?

Sagen   *am Donastag*

> Say, at 2.00pm on Thursday, please. Is that OK?

> Ja, das geht. Wo sind Sie genau?

Yes, thats ok.

ergex hos

> Say, room 22, on the ground floor, on the left.

Bonny kann das

DIALOG 3 — *Eine Broschüre schicken*

Telefonbeantworter abhören

Listening to the answerphone.

 Hören Sie der Kassette zu und sprechen Sie nach:

bitte, schicken Sie . . .	*please send . . .*
Ihre Bestellung	*your order*
abholen	*to collect*
ich bitte um Rückruf	*please call back*
ich brauche dringend	*I need . . . urgently*
heute Vormittag	*this morning*
per Telefax	*by fax*

Hören Sie Dialog 3 zu.

GRAF: Hier Gabriele Graf, Firma Hoffmann. Bitte schicken Sie eine Broschüre. Die Adresse ist Neue Galeriestraße 19, 80333 München 12.

KÖNIG: Hier König, Buchhandlung am Marktplatz. Ihre Bestellung Nr. 3052 ist da. Wollen Sie die Bücher abholen, oder sollen wir sie mit der Post schicken? Ich bitte um Rückruf unter der Nummer 39 47 10. Vielen Dank.

WALD: Guten Tag, Wald am Apparat. Es ist Montag 8 Uhr 25. Ich brauche dringend den Text über Produktnummer RH 22 69 für den Katalog. Schicken Sie ihn bitte heute Vormittag per Telefax. Vielen Dank.

AUFGABE 3.1

Telefonische Mitteilungen

a   Schicken Sie eine Broschüre an Frau Graf. Füllen Sie den Briefumschlag aus.

b   Geben Sie die Mitteilung von der *Buchhandlung am Marktplatz* schriftlich an Frau Knopf weiter. Füllen Sie den Zettel aus.

 c   Sie schicken das Fax an Herrn Wald. Sie haben seine Telefaxnummer nicht. Hören Sie der Kassette zu und füllen Sie das Deckblatt aus.

ZU BEMERKEN

das ABC

The German alphabet is generally similar to the English alphabet but there are a few sounds that are very different. Listen to the cassette and repeat the alphabet in the pauses provided.

AUFGABE 3.2

Spell each letter

Buchstabieren Sie bitte

a Listen to the cassette and write down the words spelled out to you.

b Partnerübung

Partner A Listen to the cassette and write down the words spelled out to you. Then spell them to your partner.

Partner B Listen to your partner and find the words spelled out to you on this grid.

U	C	O	M	P	U	T	E	R	K
O	R	U	A	R	L	N	I	E	B
K	A	F	F	E	E	C	J	N	H
S	W	Ü	V	I	C	F	R	A	U
A	P	R	O	S	P	E	K	T	S
N	Q	L	T	Z	O	X	F	E	H
A	D	R	E	S	S	E	B	L	A
U	S	H	N	S	T	R	A	ß	E

AUFGABE 3.3

Rollenspiel

Herr Fischer is telephoning the *VISA-Zentrale* to report the loss of his credit card. Paula Schubert is taking the details. Working in pairs, play the roles of Paula Schubert and Franz Fischer. The conversation has just started.

FRANZ FISCHER	PAULA SCHUBERT
Give your full name: Franz Anton Fischer.	*buchstabieren Sie bitte* Ask him to spell Fischer.
Spell Fischer.	Ask for his address.
Your address is Martin-Luther-Straße 12.	Check you have the right name and address. Then ask for the VISA card number.
The number is 2961 1547 3824 1953. (*say it in pairs*)	Write the number down and read it back to him.
Ich brauche dringend meine Karte Say you need your card urgently.	Say, no problem. You're sending the card today.

AUFGABE 3.4

Meine Adresse

You are taking messages off the department's answerphone. Listen to the cassette and complete the envelopes below.

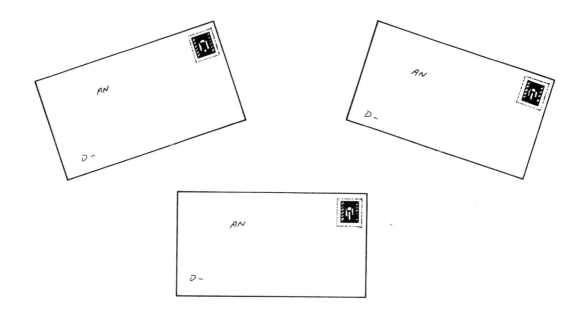

GRAMMATIK   *der/ein, die/eine, das/ein*

So far you have learned how to say 'the' in German. The word for 'a' or 'an' is *ein* or *eine*, depending on the gender of the noun. Like *der/die/das*, *ein/eine* can change their endings depending on the case.

Beispiel

der Computer

Das ist **ein** IBM-Computer

Ich habe **einen** IBM-Computer

die Einladung

Hier ist **eine** Einladung für Sie

Ich habe **eine** Einladung für Sie

das Hotel

Das ist **ein** Luxushotel in Hamburg

Ich kenne **ein** Luxushotel in Hamburg

AUFGABE 3.5

Inventur

In this text all the gaps can be filled with *ein/eine* or *einen*. Listen to the cassette and fill in the gaps as appropriate.

Frau Knopf macht ..... Inventur

Was hat Herr Fischer im Büro? Er hat ..... Arbeitstisch, ... Computer, ... Telefon, ... kleinen und ..... großen Schrank, ... Bücherregal, ... Polstersessel, ... Konferenztisch und ..... Sitzecke für Besucher. Ist das alles? Nein, er hat auch ..... Papierkorb, ... Kaffeemaschine, ... Foto von Frau Fischer und ..... Terminkalender.

ZU BEMERKEN Some verbs change their vowel after *er/sie/es*. The endings follow the pattern you already know.

Beispiel

lesen – *to read*	ich lese	er/sie **lie**st
geben – *to give*	ich gebe	er/sie **gi**bt
sehen – *to see*	ich sehe	er/sie **sie**ht
nehmen – *to take*	ich nehme	er/sie **ni**mmt

AUFGABE 3.6

Practise using *ein/eine/einen*.

Was macht er? Was macht sie?

Beispiel   Kaffee trinken   Sie trinkt einen Kaffee

Brief schreiben

Prospekt schicken

Telefonanruf machen

Katalog studieren

Lufthansa

Kaffee trinken

Flugschein buchen

Marketingbericht   Marketingbericht lesen

Hotelzimmer reservieren

Inventur machen

An Frau   Adresse schreiben

DIALOG 4 *Guten Appetit*

Renate Knopf, Christoph Weiß und Bonny Hastings gehen in die Kantine.

Renate Knopf, Christoph Weiß and Bonny Hastings go for lunch in the canteen.

 Hören Sie der Kassette zu und sprechen Sie nach:

Sie haben hier die Wahl	*you have a choice here*
es gibt	*there is*
eine Vorspeise	*a starter*
ein Hauptgericht	*a main course*
keine Nachspeise	*no dessert*
ganz wie Sie wollen	*just as you like*
ich esse kein Fleisch	*I don't eat meat*

 Hören Sie Dialog 4 zu.

RENATE KNOPF: Bonny, Sie haben hier die Wahl. Es gibt ein Tagesmenü, also eine Vorspeise und ein Hauptgericht aber keine Nachspeise, oder Sie können *à la carte* essen. Ganz wie Sie wollen.

CHRISTOPH WEIß: Ich persönlich nehme meistens das Tagesmenü. Das ist nicht teuer. Heute gibt es Nudelsuppe und Rindergulasch mit Salzkartoffeln.

BONNY HASTINGS: Gibt es einen Salatteller? Ich esse nämlich kein Fleisch.

RENATE KNOPF: Ach so. Na, dann müssen Sie die große Salatplatte nehmen. Sie schmeckt wunderbar.

BONNY HASTINGS: Vielen Dank für den Hinweis.

AUFGABE 4.1

Wo essen wir heute?

a   Beantworten Sie diese Fragen.

1 Wo sind Bonny, Christoph und Frau Knopf?

2 Was nimmt Christoph normalerweise?

3 Was gibt es heute als Tagesmenü?

4 Was nimmt Bonny?

5 Wie schmeckt die Salatplatte?

b   Was empfehlen Sie?

Imagine you are having to make reservations for the following occasions.

- Mittagessen mit Herrn Karl Peters, Firma Schuster. Herr Peters ist ein sehr guter Kunde für Ihre Firma.
- Abendessen mit Ihrer Frau/Ihrem Mann zum 14. Hochzeitstag.
- Abendessen mit Ihrer Tochter. Sie ist Studentin.
- Mittagessen für Ihre Tante Annette und 20 Familiengäste. Tante Annette feiert ihren 75. Geburtstag.

You have the following information from the *Verkehrsamt* (Tourist Office) to hand. Which restaurant would be most suitable?

c Was servieren wir?

Georg Koch, the canteen manager at *Firma Continental*, is preparing some information about the meals and drinks served by the canteen for inclusion in the company's annual report. Listen to the cassette and fill in the quantities on the grid.

	Liter	Kilo	Portion
Suppen			
Vorspeisen			
Rindfleisch			
Kalbsfleisch			
Schweinefleisch			
Geflügel			
Kartoffeln			
Reis/Spätzle			
Salat			
Obst			
Eis			
Pudding			
Bier			
Limonade			
Mineralwasser			
Kaffee			
Zucker			
Sahne			

 *kein/keine*

kein/keine are used like *ein/eine*. There is no direct equivalent in English; *kein/keine* are used to mean 'not a'.

Beispiel

das ist ein Computer; das ist kein Fußball

das ist eine Broschüre, das ist keine Pizza

das ist ein Vanilleeis; das ist kein Telefon

Like *ein/eine*, the endings on *kein/keine* will change, depending on case.

Beispiel

Christoph hat **keinen** Computer.
Christoph hat **keine** Tischlampe.
Christoph hat **kein** Telefon.

Bonny hat **einen** Computer.
Bonny hat **eine** Tischlampe.
Bonny hat **ein** Telefon.

AUFGABE 4.2

People keep taking things from Frau Knopf's desk and she is not pleased. In this text all the uses of *kein/keine/keinen* have been removed. Listen to the cassette and fill in the gaps.

RENATE KNOPF: Ach schrecklich! Ich habe ..... Papier, ... Kugelschreiber und jetzt auch ..... Geduld mehr.

CHRISTOPH WEIß: Aber ..... Sorge, Frau Knopf. Ich finde alles, was Sie brauchen. Wo ist der Schlüssel für den Schrank?

RENATE KNOPF: ..... Ahnung. Liegt er nicht auf dem Arbeitstisch drüben?

CHRISTOPH WEIß: Ich sehe ..... Schlüssel. Einen Moment. Ich frage Bonny. Vielleicht hat sie den Schlüssel.

RENATE KNOPF: Ach, das hat ..... Zweck. Bonny ist nicht da.

CHRISTOPH WEIß: Was, nicht da? Wo ist sie denn?

RENATE KNOPF: Sie hat bis jetzt ..... Aufenthaltserlaubnis. Sie ist bei der Polizei.

AUFGABE 4.3

Was gibt es heute?

Suppen/Vorspeisen	Hauptgerichte	Nachspeisen
NUDELSUPPE	WIENER SCHNITZEL	ROTE GRÜTZE
HÜHNERBRÜHE	RINDERGULASCH	OBSTSALAT
BOUILLON MIT EI	FORELLE MÜLLERIN	VANILLEEIS
HERINGSALAT	HÜHNERFRIKASEE	PUDDING
CAMEMBERT GEB.	SCHWEINEKOTELETT	KÄSEPLATTE
	THUNFISCHSALAT	
	GROßE SALATPLATTE	

Getränke

COCA-COLA, APFELSAFT

MINERALWASSER, BIER

TEE, KAFFEE

a Using the information in this grid, describe what each person is having for lunch.

	Franz Fischer	Christoph Weiß	Renate Knopf	Bonny Hastings
Vorspeise	Nudelsuppe	Bouillon	—	—
Hauptgericht	Kotelett	Gulasch	Forelle	Salatplatte
Nachspeise	Eis	—	Pudding	Obstsalat
zu trinken	Mineralwasser	Coca-Cola	Apfelsaft	Mineralwasser

Beispiel Bonny nimmt eine Salatplatte, einen Obstsalat und ein Mineralwasser aber keine Vorspeise.

b Partnerübung

```
Suppen/Vorspeisen       Hauptgerichte            Nachspeisen

NUDELSUPPE              WIENER SCHNITZEL          ROTE GRÜTZE
HÜHNERBRÜHE            RINDERGULASCH            OBSTSALAT
BOUILLON MIT EI        FORELLE MÜLLERIN         VANILLEEIS
HERINGSALAT            HÜHNERFRIKASEE           PUDDING
CAMEMBERT GEB.        SCHWEINEKOTELETT         KÄSEPLATTE
                       THUNFISCHSALAT
                       GROßE SALATPLATTE

                          Getränke

                  COCA-COLA, APFELSAFT
                  MINERALWASSER, BIER
                      TEE, KAFFEE
```

Partner A Sie kommen etwas spät in die Betriebskantine. Die Auswahl ist jetzt klein. Sagen Sie Ihrem Partner, was Sie essen möchten.

Beispiel Ich nehme den Thunfischsalat bitte.

Partner B Sie arbeiten in der Betriebskantine. Es ist spät und die Auswahl ist jetzt sehr klein. Leider haben Sie nicht alles, was Ihr Partner haben möchte. Erklären Sie.

Beispiel Es tut mir leid. Wir haben keinen Thunfischsalat mehr

AUFGABE 4.4

Gruppenaufgabe: Betriebsfeier

a Sie planen einen Ausflug für Ihre Abteilung. Sie müssen das Essen im Voraus bestellen. Hier ist die Speisekarte vom Restaurant. Was möchten Ihre Kollegen und Kolleginnen essen? Fragen Sie in Ihrer Gruppe und faxen Sie die Bestellung ans Restaurant.

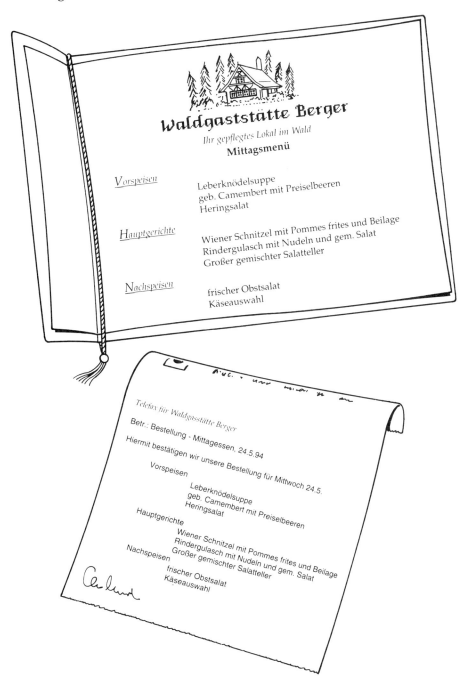

b Rollenspiel

The restaurant has confirmed the order by leaving a message on the answerphone. Listen to the cassette and check the details, noting any corrections which may be necessary.

WIEDERHOLUNG

WIEDERHOLUNG 1

a Listen to the cassette and note the details of the telephone messages you hear.

WIEDERHOLUNG 2

Richtig oder falsch?

	Richtig	Falsch
1 Die Kantine ist im Erdgeschoß.		
2 Frau Langner arbeitet in der Exportabteilung.		
3 Bonny muß ein Formular ausfüllen.		
4 Christoph nimmt die Salatplatte.		
5 Das Tagesmenü ist sehr teuer.		

WIEDERHOLUNG 3

Bilden Sie Sätze

Da links	gibt es	in die Personalabteilung
Am Mittwoch	geht Bonny	Rindergulasch mit Salzkartoffeln
Heute	finden Sie	nach Berlin
Meistens	fliegt Herr Fischer	das Tagesmenü
Um 15.00 Uhr	nimmt Christoph	eine Sitzecke für Besucher

WIEDERHOLUNG 4

Wie ist die Adresse bitte?

Partnerübung

Work with a partner to complete the addresses on Firma Continental's mailing list.

Partner A	**Partner B**
Frau Margarete Brunnhuber	Frau Margarete Brunnhuber Marktforschung und Analyse GmbH Geschwister-Scholl-Platz 43
D-80539 München 1	
Herr Dieter Eschbach	Herr Dieter Eschbach Europäische Berufsberatung Theodor-Heuß-Platz 10
D-14052 Berlin 24	
Herr Heinrich	Herr Dr. Heinrich Braun Philipps-Universität Fachbereich Informatik Am Krummbogen 5
D-35043 Marburg an der Lahn	
Frau Martina Lenz	Frau Martina Lenz Waldweg 47
D-22393 Hamburg 27	

WIEDERHOLUNG 5

Rollenspiel

Imagine you are working on the reception desk of a large company. Frau Dr. Felsenberg has just arrived for an appointment with Herr Steinbach.

FRAU DR. FELSENBERG	RECEPTIONIST
Say good morning, give your name, you have an appointment with Herr Steinbach at 11.00.	
	Return the greeting, can Dr. Felsenberg fill in the form for visitors please.
Fill in the form; ask where Herr Steinbach's office is.	
	Thank her for the form; ask for the company name again.
Say it's *Grabowski und Klett*; spell Grabowski.	
	Repeat the company name and check it's correct; then give directions to Herr Steinbach's office; it's on the second floor, next to the meetings room.
Thank the receptionist very much for the information.	

Abschluß

Before you move on to *Abschnitt 4*, make sure you can:

• say where things are	*die Kantine ist im Erdgeschoß*
• greet people on the telephone	*Hastings am Apparat*
• give your address	*die Adresse ist . . .*
• choose something to eat and drink	*ich nehme das Tagesmenü*
• introduce a colleague or business contact formally	*darf ich vorstellen?*
• say where your contact comes from	*. . . von der Firma Schuster GmbH*

Ich helfe Ihnen

In this chapter you will learn how to:
- take and make a simple telephone call
- give personal details
- specify dates
- understand some instructions
- give directions within buildings

DIALOG 1   *Kann ich Herrn Fischer sprechen?*

Ein Kunde möchte Herrn Fischer sprechen.

A client would like to speak to Mr Fischer.

Hören Sie der Kassette zu und sprechen Sie nach:

es tut mir leid	*I'm sorry*
in einer Besprechung	*in a meeting*
wann kann ich ihn erreichen?	*when can I reach him?*
schwierig	*difficult*
morgen ist er erst um 16.00 Uhr frei	*tomorrow he's not free until 4.00 p.m.*

 Hören Sie Dialog 1 zu.

RENATE KNOPF: Verkaufsleitung, Knopf am Apparat.

KARL PETERS: Guten Tag, Frau Knopf. Hier Peters, Firma Schuster. Kann ich bitte Herrn Fischer sprechen?

RENATE KNOPF: Es tut mir leid, Herr Peters. Heute Nachmittag ist Herr Fischer in einer Besprechung.

KARL PETERS: Wann kann ich ihn erreichen?

RENATE KNOPF: Heute ist das schwierig. Und morgen ist er erst um 16.00 Uhr frei.

KARL PETERS: Dann rufe ich am Mittwoch wieder an.

RENATE KNOPF: Am Mittwoch fliegt er nach Berlin. Kann ich Ihnen helfen, Herr Peters?

 AUFGABE 1.1

Welche Pläne hat Herr Fischer für den Nachmittag und den Abend?

a   Listen to the cassette and find out when Herr Fischer plans to do the following:

1 Besprechung mit Personalleiterin ....

2 Tasse Kaffee trinken ....

3 Text für den Katalog schreiben ....

4 mit Kollegen ins Restaurant gehen ....

5 Berlin anrufen ....

b   Using the information in **a**, choose the appropriate words from the illustrations to complete these sentences.

jetzt

dann

1 .... schreiben wir den Text für den Katalog.

2 .... gehen wir mit den Kollegen aus Belgien ins Restaurant.

3 .... habe ich eine Besprechung mit unserer Personalleiterin.

4 .... muß ich das Büro in Berlin anrufen.

5 .... trinke ich schnell eine Tasse Kaffee.

c   Put the completed sentences into sequence.

AUFGABE 1.2

Partnerübung

Pläne

Heute Vormittag

Heute Nachmittag

Heute Abend

Morgen

Übermorgen

Am Wochenende

Nächste Woche

Nächsten Monat

Nächstes Jahr

Your partner has made various plans. Find out what they are and fill in the details as appropriate.

Beispiel   Was machen Sie morgen?
Morgen besuche ich Firma Schuster.

Partner A   Hier sind Ihre Pläne:

Marketingbericht lesen
Urlaub in Australien machen
Firma Schuster besuchen
die englische Partnerfirma telefonicren
Geburtagsgeschenk kaufen
einen Fax an Herrn Wald schicken
mit Martina spazierengehen
einen Computerkurs machen
die neue Praktikantin betreuen

Partner B   Hier sind Ihre Pläne:

Stellenbeschreibung für die neue Sekretärinstelle schreiben
Skiurlaub in den USA machen
Kollegen aus Frankreich am Flughafen treffen
im Garten arbeiten
einen Termin mit Herrn Fischer vereinbaren
Industrie- und Handelskammer telefonieren
Teilnehmerliste für den Französischkurs an die Personalabteilung schicken
Freunde in Bonn besuchen
Ehemann/Ehefrau vom Bahnhof abholen

GRAMMATIK   *er/ihn, sie,*

So far you have practised *er/ihn, sie*, to refer only to people. But they can be used to refer to objects as well, depending on the gender and the case of the noun.

Beispiel

Herr Fischer?	**Er** ist nicht da.
	Wann kann ich **ihn** erreichen?
Der Marketingbericht?	Ist **er** nicht da?
	Ich kann **ihn** nicht finden.
Frau Knopf?	Es tut mir leid, **sie** ist nicht da.
	Wann kann ich **sie** erreichen?
die Preisliste?	Ist **sie** nicht fertig?
	Wann kann ich **sie** bekommen?

es is used only for objects.

Beispiel

das Eilpaket?	**Es** ist nicht da.
	Wann schicken Sie **es?**

AUFGABE 1.3

Ein zweites Faxgerät?

In this text all examples of *er, ihn, sie, es* have been removed. Listen to the cassette and fill in the gaps as appropriate.

Renate Knopf sucht den Katalog von der Firma Schuster. . . . ist nicht im Büro; Herr Fischer möchte . . . sehen und . . . kann . . . einfach nicht finden. Christoph hat . . . auch nicht. Aber . . . hat die Preisliste. Das ist problematisch für . . . denn Frau Knopf sucht . . . nämlich auch. Im Moment hat . . . leider nicht viel Geduld. Was macht . . . ? . . . legt . . . auf den Arbeitstisch von Frau Knopf. . . . sagt natürlich nichts darüber.

Herr Fischer möchte den Katalog sehen, denn . . . möchte ein zweites Faxgerät kaufen. Das Faxgerät in der Abteilung ist alt; . . . funktioniert langsam und schlecht. Im Katalog gibt es ein supermodernes Faxgerät für nur DM 1295,00. . . . ist klein, attraktiv und – vor allem – . . . ist billig. Herr Fischer findet . . . einfach toll!

AUFGABE 1.4

Partnerübung

Partner A   Your partner is having difficulty finding things in the office. Find out what the problem is and then tell your partner who has the object in question.

Partner B   You are having difficulty finding things in the office. Tell your partner what you are looking for; your partner will tell you who has it.

Beispiel   A   Was suchen Sie?
              B   Den Katalog von der Firma Schuster. Ich kann ihn einfach nicht finden.
              A   Den Katalog? Herr Fischer hat ihn.

Partner A	**Partner B**
Herr Fischer	der Katalog von der Firma Schuster
Frau Knopf	der Prospekt vom Hotel Europa
Herr Peters	die Preisliste für Frankreich
Christoph	der Flugschein nach Berlin
Bonny	der Schlüssel für den Sitzungsraum
Frau Langner	das Briefpapier für die Werbekampagne
Sophie Lambert	das Wörterbuch vom Übersetzungsbüro
Susanne Schuster	die Einladung vom Verkehrsverein
Herr Schreiber	das Seminarprogramm für morgen
Dieter Lenz	das Fax von Herrn Wald

DIALOG 2   *Ich helfe Ihnen*

Christoph hilft Bonny beim Fotokopieren.

Christoph helps Bonny with the photocopying.

 Hören Sie der Kassette zu und sprechen Sie nach:

mit dem Fotokopierer	*with the photocopier*
wie funktioniert er genau?	*how does it work exactly?*
ich helfe Ihnen	*I'll help you*
Größe DIN A4	*A4 size*
das ist diese Taste	*that's this key*
drücken Sie diesen Knopf	*press this button*
da passiert nichts	*nothing's happening*
was bedeutet . . . ?	*what does . . . mean?*

Hören Sie Dialog 2 zu.

CHRISTOPH WEIß: Haben Sie ein Problem mit dem Fotokopierer?
BONNY HASTINGS: Ja. Wie funktioniert er genau?
CHRISTOPH WEIß: Warten Sie, ich helfe Ihnen. Wollen Sie Größe DIN A4?
BONNY HASTINGS: Ja, das ist diese Taste, nicht wahr?
CHRISTOPH WEIß: Ja. Also, 40 Kopien – in Ordnung. Jetzt drücken Sie diesen Knopf . . . komisch, da passiert nichts.
BONNY HASTINGS: Was bedeutet dieses Symbol hier?
CHRISTOPH WEIß: Ach, da ist kein Papier. Wissen Sie, ohne Papier bekommen Sie keine Kopien.

AUFGABE 2.1

Wie funktioniert das genau?

a   Lesen Sie diese Gebrauchsanweisungen und setzen Sie sie in die richtige Reihenfolge ein.

WOLLEN SIE FOTOKOPIEN MACHEN?
Informationen für Benutzer

-Papiergröße wählen

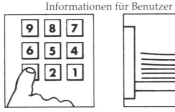

-Benutzerzahl eingeben

-Auftrag beenden

-Kopiertaste drücken

-Original auf das
Glas legen

-Kopien und Original
mitnehmen

-Kopienzahl wählen

b   Ist das richtig? Hören Sie der Kassette zu.

c   Stimmen diese Informationen? Hören Sie der Kassette zu und korrigieren Sie diesen Text.

Was kostet Berlin?

Mit dem Berlin-Fahrschein können Sie für nur DM 24,00 den ganzen Tag

U-Bahn, Straßenbahn und Omnibusse benutzen. Familien fahren billig. Am

Wochenende zahlen zwei Erwachsene mit ihren Kindern unter 14 Jahren nur

DM 20,00 für die Familienkarte. Als Extra-Service erhalten Sie das Ticket gleich

hier an der Rezeption. Willkommen bei uns.

ZU BEMERKEN

dieser/diese/dieses

Use *dieser/diese/dieses* to say 'this' in German. The endings follow the same pattern as for *der/die/das* and will change depending on case.

Beispiel
der Prospekt	die**ser** Prospekt
die Preisliste	die**se** Preisliste
das Angebot	die**ses** Angebot

AUFGABE 2.2

dieser/diese/dieses

Hören Sie der Kassette zu. Welche Informationen fehlen?

1 .... Bericht ist sehr interessant.

2 .... Maschine funktioniert nicht richtig.

3 Was bedeutet .... Symbol?

4 Drücken Sie .... Taste.

5 .... Hotel ist nicht weit vom Flughafen.

6 Haben Sie .... Katalog schon?

7 Bekommen wir .... Paket?

8 .... Einladung ist für Sie.

9 Sie müssen .... Formular ausfüllen.

10 .... Sitzecke ist für Besucher.

AUFGABE 2.3

Kann ich diesen Bericht haben?

Listen to the cassette and record your answers in the pause provided.

AUFGABE 2.4

Rollenspiel

You are helping a colleague to sort the morning's post delivery. Listen to the cassette and give your side of the dialogue in the pauses provided.

der Stadtplan von Berlin	*map of Berlin*
der Katalog	*catalogue*
das Paket	*package*

> KOLLEGE: Also, das ist für Frau Langner.
> SIE: *Ask, this package here?*
> KOLLEGE: Richtig; das ist Papier für den Fotokopierer.
> SIE: *Say, all right and then ask, is this catalogue for the sales department?*
> KOLLEGE: Nein, die Verkaufsabteilung bekommt diesen Katalog nicht; er ist für die Personalabteilung. So, Frau Knopf bekommt diesen Stadtplan von Berlin.
> SIE: *Say, but this map is of Hamburg.*
> KOLLEGE: Was? Diese Buchhandlung – schon wieder ein Fehler!

DIALOG 3 *Das ist im Nebengebäude*

Frau Knopf zeigt Bonny Hastings den Weg.

Mrs Knopf shows Bonny Hastings the way.

 Hören Sie der Kassette zu und sprechen Sie nach:

zur Personalabteilung	*to the Personnel Department*
im Nebengebäude	*in the annexe*
gehen Sie hier entlang	*go along here*
biegen sie links ab	*turn left*
die dritte Tür links	*the third door on the left*

 Hören Sie Dialog 3 zu.

RENATE KNOPF: Ach ja, Bonny, Sie gehen jetzt zur Personalabteilung, nicht wahr? Sie wissen, diese Abteilung ist im Nebengebäude?

BONNY HASTINGS: Ja, das weiß ich. Zimmer 86. Aber wie komme ich am besten dorthin?

RENATE KNOPF: Das ist kein Problem. Gehen Sie hier entlang, bis zum Ausgang. Dann müssen Sie links abbiegen. Das Nebengebäude ist dann direkt gegenüber.

BONNY HASTINGS: Oh, das ist wirklich kein Problem. Das finde ich schnell.

RENATE KNOPF: Halt! Nicht so schnell. Zimmer 86 ist im Untergeschoß. Das finden Sie nicht so leicht. Gehen Sie die Treppe herunter. Dann biegen Sie sofort rechts ab und gehen Sie immer geradeaus. Zimmer 86 ist die dritte oder die vierte Tür links, neben dem Finanzbüro.

AUFGABE 3.1

Wie kommt Bonny am besten in die Personalabteilung?

a   Dieser Plan ist nicht vollständig. Welche Informationen fehlen? Machen Sie
den Plan vollständig.

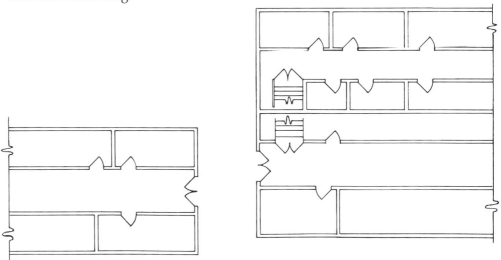

b   Heute abend hat Bonny eine Einladung bei Herrn und Frau Fischer. Wie
kommt sie am besten dorthin? Hören Sie der Kassette zu und kreuzen Sie den
besten Weg für Bonny an.

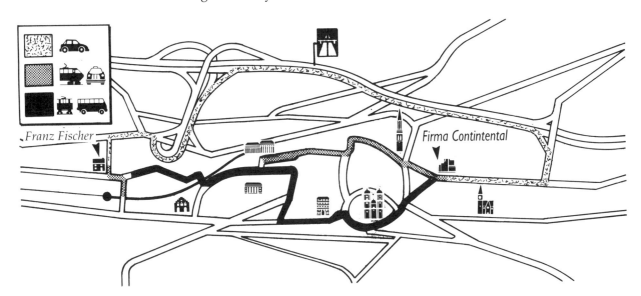

c Hören Sie der Kassette zu und lesen Sie gleichzeitig diesen Text. Ist alles
richtig? Wenn nicht, korrigieren Sie bitte.

Ihr Hotel 'grand luxe' im Herzen der Stuttgarter Altstadt

Das Hotel Bella Vista ist nur 200 Meter vom Stuttgarter Bahnhof entfernt. In der

Stadtmitte gelegen mit großem Komfort bietet unser Hotel folgende

Bequemlichkeiten an:

- Fernseher in allen Zimmern

- Zimmerservice

- Konferenzräume mit Video

- Schwimmbad und Fitneßraum

- Tennisplatz

- und vieles mehr.

AUFGABE 3.2

Partnerübung: Berlin-Informationen

a Diese Informationen über Bus- und Bahnverbindungen in Berlin sind nicht vollständig. Ihr Partner/Ihre Partnerin hat die Informationen. Fragen Sie ihn/ sie und füllen Sie das Informationsblatt aus.

Flughafen Tegel	Bus 109, 128

Partner A Sie haben diese Informationen:	Partner B Sie haben diese Informationen:
Flughafen Tegel	Bus 109, 128
Flughafen Tempelhof	U6 Platz der Luftbrücke
	Bus 104, 119
Flughafen Berlin-Schönefeld	Bus 163, 172
	Regionalbahn R1, R2, R12
Bahnhof Zoologischer Garten	S3, S5, S6: U1, U9; Bus 100, 109, 129
Bahnhof Friedrichstraße	S1, S2, S3, S7, S9; Bus 147, 157;
	Straßenbahn 22, 46
Schlüssel	
U6 = U-Bahn Linie 6	Bus 104 = Bus Nr. 104
S3 = S-Bahn Linie 3	R1 = Regionalbahn Linie 1

b die Berliner Fahrverbindungen

Using the information in **a**, practise asking for and giving information about travelling by public transport.

Partner A Sie sind in Berlin und möchten einen Flughafen bzw. einen Bahnhof erreichen. Sie möchten wissen, wie Sie am besten fahren. Fragen Sie am Informationsschalter.

Beispiel Wie fahre ich am besten zum . . . ?

Partner B Sie arbeiten am Verkehrsinformationsschalter in Berlin. Partner A möchte wissen, wir er/sie den Flughafen bzw. den Bahnhof erreicht. Beantworten Sie seine/ihre Fragen.

Beispiel Am besten fahren Sie mit der U-Bahn Linie 6/dem Bus Nr. 147/der Regionalbahn, Linie 3/der S-bahn, Linie 3/der Straßenbahn Nr. 22.

GRAMMATIK *First, second, third*

Februar
① der erste Februar
2
3

das zweite Faxgerät

Der Dritte Mann

die vierte Tür die fünfte Tür

ZU BEMERKEN *Dates*

In German, the date is masculine and is indicated by a full stop after the number.

Beispiel den 21. August

The case may change.

AUFGABE 3.3

Stimmen diese Aussagen? Hören Sie der Kassette zu.

Richtig   Falsch

1 Herr Fischer hat am 4. April Geburtstag.
2 Die Verkaufsabteilung ist im 3. Stock.
3 Die Personalabteilung? Das ist die 2. Tür links.
4 Heute ist der 6. Juni.
5 Frau Knopf fliegt am 14. Juli nach Australien.

DIALOG 4 *Ein Formular ausfüllen*

Bonny füllt ein Formular aus.

Bonny fills in a form.

 Hören Sie der Kassette zu und sprechen Sie nach:

wir brauchen diese Informationen	*we need this information*
Sie haben Verständnis	*you understand*
was für Informationen?	*what kind of information?*
zunächst	*first of all*
ich buchstabiere	*I'll spell (it)*
wie ist Ihre Adresse?	*what's your address?*

 Hören Sie Dialog 4 zu.

BRIGITTE LANGNER: Wir brauchen diese Informationen für die Lohnsteuer und für Ihre Bank. Ich hoffe, Sie haben Verständnis dafür.

BONNY HASTINGS: Selbstverständlich. Was für Informationen brauchen Sie?

BRIGITTE LANGNER: Zunächst, Ihren vollen Namen; Bonny ist sicherlich eine Abkürzung?

BONNY HASTINGS: Aber gar nicht. Das ist ein alter schottischer Name.

BRIGITTE LANGNER: Oh, Entschuldigung.

BONNY HASTINGS:	Bitte, bitte. Mein voller Name ist Bonny Catriona, ich buchstabiere: C–A–T–R–I–O–N–A, Hastings.
BRIGITTE LANGNER:	Vielen Dank. Und wie ist Ihre Adresse hier in Schönstätten?
BONNY HASTINGS:	Alte Landstraße 47. Meine Telefonnummer ist 68 39 42.

AUFGABE 4.1

Füllen Sie das Formular aus

a   Was für Informationen haben Sie schon über Bonny Hastings?

```
_____ Continental          (🐎) _____
           Aktiengesellschaft
Familienname ........................................................
Vorname(n) ..........................................................
Gerburtsdatum ........................... Geburtsort .............
Staatsangehörigkeit ...................... Stelle ..................
Anschrift
        Straße                          Hausnummer

        ..............................................................

        ..............................................................
        PLZ            Stadt

        ..............................................................

        Telefonnummer...................
```

    b   Welche Informationen fehlen? Hören Sie der Kassette zu und machen Sie das Formular vollständig.

AUFGABE 4.2

Informationen für Ihre Bank: Partnerübung

Bonny is opening her bank account. Working with a partner, use the information in **a** to complete the application form for the bank's records.

Partner A   Sie sind Bankangestellte/r: Sie möchten folgende Informationen:
Partner B   Sie sind Bonny Hastings: geben Sie diese Informationen:

```
Name ...............................................................
Adresse ............................................................
Staatsangehörigkeit ...............................................
Gerburtsdatum .....................................................
Angestellt bei [Firma] ............................................
Angestellt als [Stelle] ...........................................
Datum ..............................................................
Ort ............................... Unterschrift ..................
```

GRAMMATIK *Separable verbs*

Separable verbs are a feature of German. They usually consist of a preposition (e.g. *an*, *zu*, *aus*, *ab*) and the verb. So far, you have been using separable verbs in their infinitive form.

Beispiel Bonny muß ein Formular **ausfüllen**

In these examples, you can see how the two parts separate. Some of them will already be familiar to you.

Beispiel Bonny **füllt** ein Formular **aus**.

an/rufen	ich **rufe** am Mittwoch **an**
zu/hören	**hören** Sie der Kassette **zu**
ab/biegen	wir **biegen** jetzt links **ab**

ZU BEMERKEN *an/rufen*: this is the way separable verbs are listed in the glossary.

  AUFGABE 4.3

Abonnement

Christoph Weiß wants to take out a subscription to *Wirtschaftswoche*. Listen to the cassette and use the information to fill in the form.

Hören Sie der Kassette zu und füllen Sie das Formular aus.

Wirtschaftswoche zum vorteilhaften Preis

Bitte ausfüllen und zurückschicken.

'Wirtschaftswoche' Vertriebsservice,
Postfach 28 46, D-90013 Nürnberg.
<u>Bitte senden Sie mir die 'Wirtschaftswoche' ab sofort</u> für mindestens 24 Monate zum garantierten Jahres-Vorzugspreis von DM 220,-.

Gewünschte Zahlungsweise bitte ankreuzen
☐ Bequem und bargeldlos durch Bankeinzug

Konto-Nr.

BLZ

Name des neuen Abonnenten

Geldinstitut

Vorname

☐ Gegen Rechnung

Straße

Dieser Auftrag kann innerhalb von 10 Tagen nach Aufgabe bei der Bestelladresse widerrufen werden (rechzeitige Absendung genügt).

Telefon

PLZ

Datum

Ort

Unterschrift des neuen Abonnenten

AUFGABE 4.4

Rollenspiel

*You work for a car hire firm
at Stuttgart airport*

*You have just arrived at Stuttgart air-
port and want to hire a car*

*Explain that your customer must fill in a
form. You need the following
information*

*Be prepared to fill in a form giving
the following information*

surname

first name(s)

date of birth

address

telephone number

today's date

ask how your customer wants to pay

say by credit card

explain that you have to phone

*say all right; but ask how you
get from the airport to the
motorway*

*Tell the customer to turn right and then
it's the second turning on the left.*

check the directions

WIEDERHOLUNG

WIEDERHOLUNG 1

Gesetzliche Feiertage in Deutschland 1994

Hören Sie der Kassette zu und tragen Sie das Datum ein.

Neujahr
Karfreitag
Ostermontag
Tag der Arbeit
Christi Himmelfahrt
Pfingstmontag
Tag der deutschen Einheit
Buß- und Bettag
1. Weihnachstag
2. Weihnachstag

WIEDERHOLUNG 2

Bilden Sie sechs Sätze.

Heute Nachmittag	ist sie	am Mittwoch an.
Morgen	rufe ich	in einer Besprechung.
Dann	kann ich	um 16.00 Uhr frei.
Am Mittwoch	ist er	nach Berlin.
Wann	lesen wir	ihn erreichen?
Später	fliegt er	den Marketingbericht.

WIEDERHOLUNG 3

How would you say in German?

1 Are you having a problem with the photocopier?

2 I'm sorry. She's in a meeting.

3 You're going to the Personnel Department, aren't you?

4 Go down the stairs.

5 I hope you understand.

WIEDERHOLUNG 4

Wann hat der Chef frei?

Working with a partner, establish the times these two managers could be available for a meeting in the week of January 23rd.

WIEDERHOLUNG 5

Weihnachtsfeier

Dr. Stefan Berger and his wife Marianne are trying to set a date for a Christmas party for members of staff from *Firma Continental*. Listen to their conversation on cassette and note their appointments in their diary. Then fill in the details on the invitation. (Note that in this conversation you will hear people using the familiar form *du*.)

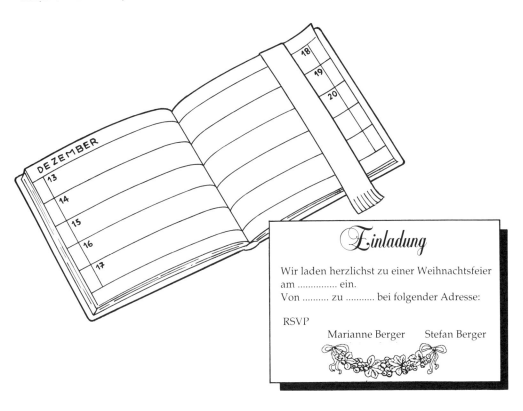

Abschluß

Before you move on to *Abschnitt 5*, make sure you can:

• take a simple telephone call	*Verkaufsleitung, Knopf am Apparat*
• make an apology	*es tut mir leid*
• offer assistance	*kann ich Ihnen helfen?*
• specify dates	*am 20. Januar*
• fill in simple forms	*mein voller Name ist . . .*
• understand some instructions	*drücken Sie diese Taste*
• give directions within buildings	*gehen Sie die Treppe herunter*

Was kann ich für Sie tun?

In this chapter you will learn how to:
- make your apologies
- order supplies
- make some holiday arrangements
- escort a visitor to your company
- start to make some small talk.

Wir bedauern es sehr

Dieser Kunde ist sehr unzufrieden.

This client is very dissatisfied.

Hören Sie der Kassette zu und sprechen Sie nach:

unzufrieden	dissatisfied
die Lieferung ist nicht vollständig	the delivery is not complete
wir bedauern es sehr	we regret it very much
wir möchten um Verständnis bitten	we would like to ask for (your) understanding
ich rufe das Lager sofort an	I'll ring the warehouse straight away

Hören Sie Dialog 1 zu.

FRANZ FISCHER: Dieser Kunde in Marburg ist sehr unzufrieden.
RENATE KNOPF: Was ist das Problem?
FRANZ FISCHER: Die Lieferung ist nicht vollständig.
RENATE KNOPF: Oh, das ist schlecht. Was machen wir?
FRANZ FISCHER: Erstens, schreiben wir einen Brief an den Kunden. Schreiben Sie bitte, wir bedauern das sehr und wir möchten um Verständnis bitten.
RENATE KNOPF: In Ordnung. Aber ist das unser Fehler?
FRANZ FISCHER: Vielleicht. Wir haben jetzt ein neues Computersystem. Also zweitens, rufe ich sofort das Lager an.

AUFGABE 1.1

Was muß Herr Fischer heute machen? Lesen Sie diese Notizen.

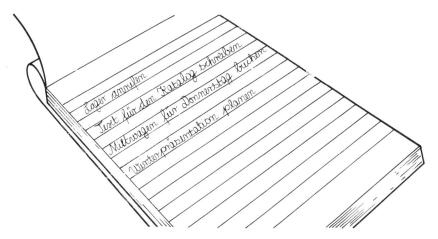

An Hand dieser Notizen machen Sie diese Sätze vollständig.

1 Erstens muß er . . .

2 Zweitens . . .

3 Drittens . . .

4 Viertens . . .

Now listen to the cassette and check your description.

AUFGABE 1.2

Frau Knopf schreibt einen Brief

Choose the appropriate phrases from the box below to complete the letter.

Brauerei Baier
Postfach 1979
D-35037 Marburg an der Lahn

Betr.: Lieferung Nr. 16 11 93

................, daß diese Lieferung nicht vollständing ist.
Wir haben .... und wir haben leider Problem damit.
Wir ....

Die vollständige Lieferung erfolgt .. ..

Mit freundlichen Grüßen

Fischer

| bitten um Verständnis   wir bedauern sehr   am 20. dieses Monats
ein neues Computersystem |

 Now listen to the cassette to check the text of your letter.

AUFGABE 1.3

Entschuldigen Sie bitte: Partnerübung

Partner A   You have several reasons to complain to this company. Make your complaints, using items in this list to help you and decide whether to accept your partner's explanation.

Die Lieferung ist nicht vollständig
Kann ich bitte den Chef sprechen?
Dieser Preis ist nicht richtig
Ich verstehe Ihre Rechnung nicht
Wann schicken Sie unsere Lieferung?
Das ist zu spät

Beispiel   Die Lieferung ist nicht vollständig. Kann ich bitte den Chef sprechen?

Partner B   It's your job to apologise on behalf of the company. Listen to your partner's complaints and choose one of these expressions and a reason or question to try to put things right.

Es tut mir leid	das ist ein neues System
Entschuldigen Sie bitte	das ist unser Fehler
Wir bedauern es sehr	der Chef ist heute nicht da
Wir möchten um Verständnis bitten	was ist das Problem?

Beispiel   Es tut mir leid, der Chef ist heute nicht da.

GRAMMATIK   *More about the dative case*

How to say '(to) me, (to) him, (to) us, (to) you' (formal) and '(to) them' in German.

You have come across *mir* and *Ihnen* before in expressions such as *Es tut mir leid* and *Wie geht es Ihnen? mir* is the dative case of *ich; Ihnen* is the dative case of *Sie*.

Here is the pattern of the dative case of *ich, er, sie, es, wir, Sie* and *sie*.

ich	mir	wir	uns
er/es	ihm	Sie	Ihnen
sie	ihr	sie	ihnen

Here are some examples showing how these datives are used:

Bitte, helfen Sie **mir**.

Frau Knopf schreibt **ihm** einen Brief.

Herr Fischer gibt **ihr** einen Kuß.

Willkommen bei **uns**.

Wie geht es **Ihnen**?

AUFGABE 1.4

Now practise using the dative case. In this text all the instances of *mir, uns, ihr, ihm* and *Ihnen* have been removed. Using the information in the table on p. 80, fill in the gaps.

Frau Knopf ist krank

Frau Knopf ist diese Woche krank. Es geht ..... überhaupt nicht gut. Sie hat Kopfschmerzen, und der Hals tut ..... sehr weh. Ihr Sohn Martin kann seine Mutter nicht besuchen, aber er schickt ..... Blumen. Herr Fischer telefoniert. „Wie geht es .....?" fragt er. „..... geht es sehr schlecht" antwortet Frau Knopf. Herr Fischer hat ein Problem. Er weiß nicht, wo der Marketingbericht von der Firma König ist. Frau Knopf weiß alles. Sie gibt ..... die Informationen. Er dankt ..... sehr dafür.

Im Büro ist Chaos. Christoph übernimmt die Arbeit von Frau Knopf. Bonny hilft ..... dabei. „Wissen Sie Bonny", sagt Herr Fischer, „normalerweise ist alles in Ordnung bei ....." Bonny sagt nichts, aber sie glaubt ..... nicht hundertprozentig.

Now check your text against the complete version on cassette.

AUFGABE 1.5

Herr Fischer ruft das Lager an: Rollenspiel

Listen to the cassette. Give your answers in the pauses provided and complete the notes below.

FRANZ FISCHER: Guten Morgen, hier Fischer, Verkaufsabteilung.
SIE: *Give your name; return the greeting and ask what you can do for him.*
FRANZ FISCHER: Wir haben ein Problem. Die Lieferung für Brauerei Baier ist nicht vollständig.
SIE: *Say, that's bad. Does he have the (delivery) number?*
FRANZ FISCHER: Ja, das ist Lieferung Nummer 18 11 93.
SIE: *And the address?*
FRANZ FISCHER: Das ist Postfach 19 79, D-35037 Marburg an der Lahn.
SIE: *Say, you regret this very much; you have a new computer system in the warehouse.*
FRANZ FISCHER: Ich habe natürlich Verständnis dafür. Aber die Brauerei muß die Lieferung bis spätestens am 20. dieses Monats bekommen.
SIE: *Say, that's OK, no problem.*

Kunde
Lieferung-Nr.
Adresse
Liefertermin

DIALOG 2   *Was kann ich für Sie tun?*

Frau Knopf bestellt Bürozubehör.

Frau Knopf is ordering office supplies.

Hören Sie der Kassette zu und sprechen Sie nach:

wir müssen Briefpaper bestellen	*we must order stationery*
usw. = und so weiter	*etc.*
hier ist der Bestellbogen	*here is the order form*
ich sehe im Schrank nach	*I'll look in the cupboard*

Hören Sie Dialog 2 zu.

RENATE KNOPF: Bonny, sind Sie so freundlich? Können Sie mir einen Moment helfen?

BONNY HASTINGS: Aber selbstverständlich, Frau Knopf. Was kann ich für Sie tun?

RENATE KNOPF: Wir müssen für die Abteilung Briefpapier, Umschläge usw. bestellen. Hier ist der Bestellbogen

BONNY HASTINGS: OK. Aber wie machen wir das am besten?

RENATE KNOPF: Ich sehe im Schrank nach. Dann sage ich Ihnen, was wir brauchen. Sie füllen bitte den Bestellbogen aus.

AUFGABE 2.1

Was bestellt Frau Knopf? Hören Sie der Kassette zu und füllen Sie den Bestellbogen aus.

Schreiber Papierwaren GmbH

Bestellbogen

Abteilung .... Datum ....

Lieferadresse ....

Best.-Nr ....

Waren	Stückzahl	Preis inkl. MWSt.
Briefpapier	....	....
Umschläge	....	....
Schreibblock	....	....
Kugelschreiber	....	....
Disketten	....	....
OHP-Folien	....	....

Gesamtsumme ....

Schreiber Papierwaren GmbH, Am Brunnen 10–13, 98760 Schönstätten 1

ZU BEMERKEN

Some prepositions always take the accusative case and some always take the dative.

Beispiel

für **den** Chef	**vom** (= von dem) Chef
für **die** Abteilung	von **der** Abteilung
für **das** Büro	**vom** (= von dem) Büro
ohne **den** Chef	**beim** (= bei dem) Chef
ohne **die** Werbekampagne	bei **der** Firma
ohne **das** Finanzbüro	mit **dem** Chef/mit **der** Firma
	zum (= zu dem) Chef
	zur (= zu der) Firma

AUFGABE 2.2

Fill the gaps in these sentences with *den, die, das, dem* or *der* as appropriate.

Beispiel   Dieser Brief ist von **der** Firma Jamalex.

1 Dieser Brief ist von . . . Firma Jamalex.

2 Dieses Paket ist für . . . Verkaufsabteilung.

3 Herr Fischer ist nicht da. Er ist bei . . . Geschäftsführer.

4 Wir schicken Ihre Lieferung ohne . . . Katalog.

5 Bonny ist sehr zufrieden mit . . . Arbeit

6 Herr Fischer diktiert einen Brief auf Kassette. Frau Knopf hört . . . Kassette zu.

7 Christoph vereinbart einen Termin mit . . . Personaldirektor.

8 Dieser Bericht ist für . . . Chef.

9 Haben wir schon das Telefax von . . . Arbeitsamt?

10 Das ist schlecht. Ohne . . . Marketingbericht können wir dieses Thema nicht weiter besprechen.

AUFGABE 2.3

Partnerübung

Imagine you helping a colleague to collate and distribute some documents to various parts of the organisation. Tell your colleague which department, person or organisation a document is from. Your colleague will tell you which department or person should receive it.

Beispiel   Partner A   Das ist von der Finanzabteilung.
              Partner B   Also, das ist für den Geschäftsführer.

Partner A	**Partner B**
Verkaufsabteilung	Personaldirektor
Geschäftsführer	Exportleiter
Empfang	Finanzbüro
Reisebüro	Marketingabteilung
Übersetzungsagentur	Produktionsleiter
Postraum	Einkauf
Betriebskantine	Sekretariat
Lager	Firma Schuster GmbH
Hotel Europa	Kundendienst

AUFGABE 2.4

Rollenspiel

Frau Knopf has sent the order to *Schreiber Papierwaren*. Herr Karl Peters phones

her back because some items are out of stock. Working with a partner play the
roles of Frau Knopf and Herr Peters.

KARL PETERS

Greet Frau Knopf, give your name
and company.

Say you're fine but there is a
problem with the order. She wants
100 floppy discs, doesn't she?

Explain you have a very large order
from *Firma Restel*; you can only send
50 floppy discs today.

Say you think next week, but you
are not sure.

Say, certainly, and you are sending
everything else* today

alles andere

RENATE KNOPF

Return the greeting; ask how he is.

Say, yes that's right.

Ask, when can he send the other
50?*

Say, OK; can he telephone you next
week?

Say thank you and goodbye.
die restlichen 50

DIALOG 3   *Reisebüro Müller?*

Christoph macht Reisepläne.

Christoph is making travel plans.

 Hören Sie der Kassette zu und sprechen Sie nach:

ich habe noch fünf Tage Urlaub	*I still have five days holiday*
vor Ende März	*before the end of March*
wenn das Ihnen recht ist	*if that's all right with you*
im März hat sie Semesterferien	*she's on holiday [from university] in March*
ich schlage vor	*I suggest*
er hilft Ihnen gern	*he'll be glad to help*

 Hören Sie Dialog 3 zu:

CHRISTOPH WEIß: Wie Sie wissen, Herr Fischer, habe ich noch fünf Tage Urlaub dieses Jahr.

FRANZ FISCHER: Und Sie wollen diesen Urlaub vor Ende März nehmen, nicht wahr?

CHRISTOPH WEIß: Ja bitte, wenn das Ihnen recht ist. Ich möchte mit meiner Freundin nach Italien fahren. Sie ist Studentin und im März hat sie Semesterferien.

FRANZ FISCHER: Ich verstehe. Ja, ja, das geht in Ordnung. Wo fahren Sie dann hin?

CHRISTOPH WEIß: Das wissen wir nicht ganz genau. Ich möchte gern nach Venedig.

FRANZ FISCHER: Ich schlage vor, Sie rufen Reisebüro Müller an. Manfred Müller ist ein alter Freund von mir. Er hilft Ihnen gern.

CHRISTOPH WEIß: Reisebüro Müller? Das ist eine gute Idee. Vielen Dank für den Hinweis, Herr Fischer.

AUFGABE 3.1

Januar, Februar, März . . .

Listen to Christoph talking about the schedule of events for the coming year. Can you work out when they take place and where?

Veranstaltung	Datum	Ort
Seminar Investition in Ost-Europa		
Messe Automobil 2000		
Tagung Sicherheit und Technik		
Internationale Ausstellung Kleinwagen für den Stadtverkehr		
Winterpräsentation – Produktvorstellung		

ZU BEMERKEN   *die Jahreszeiten*

der Frühling
das Frühjahr
im Frühling
im Frühjahr

der Sommer
im Sommer

der Herbst
im Herbst

der Winter
im Winter

AUFGABE 3.2

Listen to the cassette and practise saying the seasons.

Beispiel   Ist die Messe im April?
                  Ja, sie findet immer im Frühling statt.

1 Ist die Messe im April?

2 Die Marketingkonferenz findet im Juli statt, nicht wahr?

3 Ich glaube, die Winterpräsentation ist im September.

4 Findet die Ausstellung auch dieses Jahr im November statt?

AUFGABE 3.3

Wann findet die Messe statt? Partnerübung

Partner A   You are checking some important dates for your department. Ask your partner to confirm them.

Beispiel   Wir machen die Präsentation im September, nicht wahr?

Juli	Der Chef ist auf Urlaub.
November	Der neue Katalog ist fertig.
September	Wir machen die Präsentation.
März	Die Fabrik ist wegen Inventur geschlossen.
August	Die internationale Ausstellung findet statt.
April	Die neue Abteilungsleiterin nimmt ihre Stelle auf.

Partner B   Your partner wants to check some important dates with you. Unfortunately the information s/he has is out of date. Give your partner the correct information.

Beispiel   Nein, wir machen die Präsentation im November.

September	Der Chef ist auf Urlaub.
Januar	Der neue Katalog ist fertig.
November	Wir machen die Präsentation.
Mai	Die Fabrik ist wegen Inventur geschlossen.
Oktober	Die internationale Austellung findet statt.
Juni	Die neue Abteilungsleiterin nimmt ihre Stelle auf.

ZU BEMERKEN   *gern*: this helps you to say what you or someone else likes doing.

Beispiel   Herr Müller hilft Ihnen gern.

NB: *gern* comes immediately after the verb or as close to it as possible.

AUFGABE 3.4

Make sentences using *gern* from the prompts below.

Beispiel Ich arbeite gern bei Firma Continental
oder
Sie arbeitet gern bei Firma Continental

Tennis spielen

Berlin besuchen

Kaffee trinken

auf der Autobahn fahren

im Garten arbeiten

Pizza backen

Urlaub in Paris machen

Sportsendungen sehen

Fisch essen

Fußball spielen

 AUFGABE 3.5

Meinungsumfrage

Listen to the cassette and find out how people at *Firma Continental* like to spend their spare time. Enter the information in the grid below.

	sehr gern	gern	nicht gern
schwimmen			
Golf spielen			
Musik hören			
ins Theater gehen			
Briefe an Freunde schreiben			
mit dem Hund spazierengehen			
fernsehen			
Bücher lesen			

DIALOG 4 *Darf ich Sie begleiten?*

Christoph holt Frau Brandt vom Empfang ab.

Christoph fetches Frau Brandt from reception.

 Hören Sie der Kassette zu und sprechen Sie nach:

darf ich Sie begleiten?	*may I escort you?*
zum ersten Mal	*for the first time*
wir nehmen den Aufzug	*we'll take the lift*
schönes Wetter heute	*nice weather today*

 Hören Sie Dialog 4 zu.

CHRISTOPH WEIß:	Frau Brandt? Mein Name ist Christoph Weiß. Darf ich Sie zur Verkaufsabteilung begleiten?
FRAU BRANDT:	Oh, das ist sehr freundlich. Vielen Dank.
CHRISTOPH WEIß:	Sind Sie zum ersten Mal bei der Firma Continental?
FRAU BRANDT:	Ja. Die Firma Felsenberger ist eine neue Firma hier in Schönstätten.
CHRISTOPH WEIß:	Interessant. So, wir nehmen den Aufzug. Die Verkaufsabteilung ist im 1. Stock. Bitte, gehen Sie vor.
FRAU BRANDT:	Danke.
CHRISTOPH WEIß:	Schönes Wetter heute, nicht wahr?

AUFGABE 4.1

Wir nehmen den Aufzug

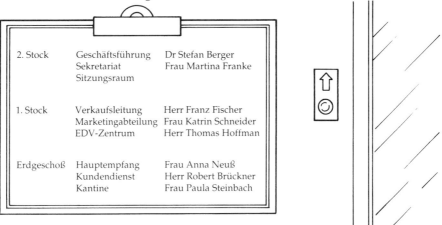

2. Stock	Geschäftsführung	Dr Stefan Berger
	Sekretariat	Frau Martina Franke
	Sitzungsraum	
1. Stock	Verkaufsleitung	Herr Franz Fischer
	Marketingabteilung	Frau Katrin Schneider
	EDV-Zentrum	Herr Thomas Hoffman
Erdgeschoß	Hauptempfang	Frau Anna Neuß
	Kundendienst	Herr Robert Brückner
	Kantine	Frau Paula Steinbach

You are working on the reception desk at *Firma Continental*. Respond to your visitors' enquiries.

Beispiel Das Sekretariat? Das ist im 2. Stock.

1 Entschuldigen Sie bitte. Wo ist das Sekretariat?

2 Guten Tag. Das EDV-Zentrum bitte.

3 Guten Morgen. Ich habe einen Termin mit Herrn Dr. Berger.

4 Entschuldigung. Wo ist die Marketing-Abteilung bitte?

5 Guten Tag. Ich habe einen Termin mit Herrn Fischer.

AUFGABE 4.2

Es tut mir leid

Help to redirect these visitors. Listen to the cassette and fill in the gaps.

Herr Fischer? Oh nein, das ist .. .., in der Verkaufsabteilung. ...., das ist die ...... Tür links, ... Büro von Frau Knopf.

Der Kundendienst? Es tut mir leid, das ist .. .. Nehmen ... ..., gehen Sie .... Der Kundendienst ist ..... direkt ....

Das EDV-Zentrum? Das ist .... Das finden Sie .. .. Nehmen Sie ... . oder ... . Das EDV-Zentrum ist die ..... Tür rechts.

AUFGABE 4.3

Partnerübung

Partner A   Your colleague has been delayed and you are making small talk to a visitor to the department. Using expressions selected from the list overleaf, help to welcome your visitor while waiting for your colleague to arrive.

> Es tut mir leid, Herr/Frau . . . hat Verspätung
> Möchten Sie eine Tasse Kaffee?
> Schönes Wetter heute, nicht wahr?
> Bitte, nehmen Sie Platz
> Sind Sie zum ersten Mal bei uns?

Partner B   You are visiting a company for the first time. The person you have come to see has been slightly delayed and a colleague is looking after you in the meanwhile. Using expressions selected from the list below, hold a conversation with your partner.

> Ich habe einen Termin mit Herrn/Frau . . .
> Eine Tasse Kaffee? Sehr gern, danke
> Ja, das Wetter ist sehr schön – endlich mal!
> Das ist sehr freundlich.
> Ja, unsere Firma ist neu hier in der Stadt.

AUFGABE 4.4

You are coordinating accommodation arrangements for a two-day meeting. Listen to the cassette and note the delegates' requirements on the grid.

Name	Ankunft	Abreise	Sonderwünsche
A. van den Berg			
J-P. Bertaux			
M-L. Delgado			
P. Piermarini			
T. Gregson			
L. Vogel			

AUFGABE 4.5

Bestätigung

Using the information above, confirm your requirements in writing to the *Hotel zur alten Post*, stating details of accommodation and meals booked. Use this proforma to help you.

Datum	Unterkunft (Namen)	Mittagessen (Personenzahl)	Abendessen

Bemerkungen

WIEDERHOLUNG

 ## WIEDERHOLUNG 1

Herr Peters has left a message on Frau Knopf's answerphone. Listen to the cassette and make a note of the details.

WIEDERHOLUNG 2

When things go wrong, which of the following expressions could you use to apologise?

	Richtig	Falsch

1 Es tut mir leid.

2 Entschuldigen Sie bitte.

3 Das ist Ihr Fehler.

4 Ich kann Ihnen nicht helfen.

5 Wir bedauern das sehr.

WIEDERHOLUNG 3

Bilden Sie Sätze.

Beispiel   Frau Knopf sieht im Schrank nach.

Frau Knopf	hört	ihre Kollegin	an.
Herr Fischer	füllt	nach England	vor.
Bonny	sieht	der Kassette	zurück.
Christoph	fährt	im Schrank	aus.
Frau Langner	ruft	den Bestellbogen	nach.
Bonny	stellt	das Lager	zu.

WIEDERHOLUNG 4

You are filling in the most important regular events such as trade fairs and exhibitions on your department's year planner. Unfortunately, you only have part of the information required. Ask your partner for the remaining information and enter it on the year planner.

Beispiel   Partner A   Wann ist die Produktpräsentation?
                Partner B   Am 19. Juni, in Berlin.

Partner A   Sie haben diese Informationen:

Monat	Datum	Veranstaltung	Stadt/Ort
Januar	6. - 10. Januar	Foire Internationale	Paris
Februar			Hamburg
März	14. März	Marketingkonferenz	Brüssel
April	19. April	Management-Seminar	
Mai			
Juni			
Juli	4. - 18. Juli	Betriebsferien	
August			
September	24. September	Winterpräsentation	Schönstätten
Oktober			
November			
Dezember			

Partner B   Sie haben diese Informationen:

Monat	Datum	Veranstaltung	Stadt/Ort
Januar			
Februar	14. Februar	Betriebsfeier	
März			
April			Schönstätten
Mai	21. - 24. Mai	Frühjahrsmesse	
Juni	19. Juni	Produktpräsentation	Hannover
Juli			Berlin
August			
September			
Oktober	13. - 21. Oktober	Informationsaufenthalt	
November	21. November	Vertretertreffen	Polen
Dezember			Dresden?

WIEDERHOLUNG 5

Rollenspiel

Christoph Weiß is booking his holiday at Reisebüro Müller. Herr Manfred Müller is assisting him. With a partner, play the roles of Christoph and Manfred.

Christoph Weiß

You would like to go to Venice in March.

You think by train.

You want to travel before the end of March.

Yes please, but not an expensive one.

No, you are going on holiday with your girlfriend.

Manfred Müller

No problem, but you need to know, does he want to travel by train or by car?

You also need to know the date.

That looks fine, Easter is not until April. Does he need a hotel?

Is he travelling alone?*

OK, no problem; here is a brochure.

* *allein*

Abschluß

Before you go on to *Abschnitt 6*, make sure you can:

• say you're sorry	*es tut mir leid*
• apologise on behalf of your company	*wir bedauern es sehr*
• order stationery supplies	*wir brauchen 100 Disketten*
• escort a visitor	*darf ich Sie begleiten?*
• make some small talk	*schönes Wetter heute, nicht wahr?*
• describe your plans	*im Februar fahre ich nach Hamburg*
• book hotel accommodation and meals	*wir brauchen 5 Einzelzimmer und Abendessen für 8 Personen*

Besuch

In this chapter you will learn how to:
- make a simple presentation
- confirm an order
- extend and accept an invitation
- tell the time
- close a semi-formal meeting

DIALOG 1 *Ich möchte unsere Firma kurz präsentieren*

Franz Fischer stellt Firma Continental vor.

Franz Fischer presents Firma Continental.

Hören Sie der Kassette zu und sprechen Sie nach:

ein lang etablierter Familienbetrieb	*a long established family firm*
sie ist bald 40 Jahre alt	*it will soon be 40 years old*
überall in Deutschland	*all over Germany*
unsere Qualität ist ausgezeichnet	*our quality is excellent*
wir liefern pünktlich	*we deliver on time*

 Hören Sie Dialog 1 zu.

FRANZ FISCHER: Frau Brandt, zunächst möchte ich unsere Firma kurz präsentieren. Wie Sie vielleicht wissen, die Firma Continental ist ein lang etablierter Familienbetrieb. Sie ist bald 40 Jahre alt. Die Firma hat vier Hauptabteilungen. Ich leite die Verkaufsabteilung; wir sind insgesamt sechs Personen. Wir verkaufen unsere Produkte überall in Deutschland und Europa. Unsere Preise sind gut, unsere Qualität ist ausgezeichnet und – *last not least* – wir liefern pünktlich.

AUFGABE 1.1

Ich möchte unsere Firma präsentieren

Join the sentences together to present *Firma Schuster GmbH* and put them in order.

Firma Schuster GmbH

Die Firma beschäftigt	im Ulm
Unsere Hauptprodukte sind	ausgezeichnet
Unsere Qualität ist	39 Personen
Wir exportieren	Büromöbel
Unser Hauptsitz ist	ein lang etablierter Familienbetrieb
Firma Schuster ist	hauptsächlich nach Frankreich

AUFGABE 1.2

Firmeninformationen

Study this company information sheet. Then listen to the cassette and use the information to answer the questions for a survey in the pauses.

Name	Brauerei Baier GmbH
Adresse	Postfach 79
	D-35037 Marburg an der Lahn
Gründungsjahr	1904
Produkte	3 Biersorten (helles Bier, Pils und alkoholfreies Bier)
Fabriken	1 (Marburg)
Mitarbeiter	120
Jahresumsatz	DM 1,8 Mill.
Exportanteil	4%
Exportmärkte	Belgien, Holland

AUFGABE 1.3

An Hand dieser Informationen beschreiben Sie die *Brauerei Baier*. Dieses Muster hilft Ihnen:

Die Brauerei Baier ist . . . Jahre alt. Sie hat ihren Hauptsitz in Marburg an der Lahn. usw.

ZU BEMERKEN

wir/unser/unsere/unseren

In *Abschnitt 1*, you learned how to say *mein* and *Ihr*. These examples show how to say 'we' and 'our' in German. Remember: the ending will change depending on the gender and the case of the noun.

Beispiel

Wir haben einen Umsatz von DM 1,8 Mill	**Unser** Umsatz beträgt DM 1,8 Mill
Wir sind bald 40 Jahre alt	**Unsere** Firma ist bald 40 Jahre alt
Wir machen Bier von höchster Qualität	**Unser** Bier ist von höchster Qualität
Wir haben einen neuen Katalog	Darf ich Ihnen **unseren** Katalog geben?

AUFGABE 1.4

Listen to Herr Michael Schneider talking about his company's operations and fill in all the instances of *wir/unser/unsere/unseren*.

Darf ich .... Firma vorstellen? Firma Rehberger ist vor allem eine Vertriebsgesellschaft. Das heißt, ... kaufen Produkte von anderen Firmen ein und .... verkaufen sie dann an .... Kunden. .... sind Spezialisten für Holz und Holzartikel. .... Kunden sind entweder Baufirmen oder Baumärkte. Für die Baufirmen liefern .... natürlich Holz und auch halbfertige Produkte, wie zum Beispiel, Tür- und Fensterrahmen, Treppen usw. Für die Baumärkte kaufen .... auch fertige Produkte ein, wie, zum Beispiel, Holzmöbel. .... Hauptlieferant ist .... schwedische Partnerfirma. .... arbeiten schon 10 Jahre lang zusammen. Vielleicht darf ich Ihnen .... Katalog und .... Preisliste mitgeben?

AUFGABE 1.5

Partnerübung

Listen again to Franz Fischer and Michael Schneider talking about their companies.

a Prepare to give your partner information about your company based on this information.

Partner A Ihre Firma

Name	Prinz Porzellan GmbH
Hauptsitz	Berlin
Mitarbeiter	225
Hauptprodukt	feines Porzellan
Exportmärkte	Europa, USA, Japan

Partner B Ihre Firma

Name	Adriatica
Hauptsitz	Stuttgart
Mitarbeiter	35–175 (Hauptsaison)
Hauptprodukt	alkoholfreie Getränke
Exportmärkte	Italien, Spanien, Portugal, Griechenland

b Ask your partner for similar information about his/her company.

Beispiel Wie heißt Ihre Firma?
Wo hat sie ihren Hauptsitz?

DIALOG 2 *Wir bestätigen das schriftlich*

Franz Fischer telefoniert mit einem Kunden.

Franz Fischer telephones a client.

Hören Sie der Kassette zu und sprechen Sie nach:

wollen wir die Bedingungen wiederholen?	*shall we run through the terms again?*
Sie erhalten die Lieferung am 20.	*you will receive the delivery on 20th.*
wir bezahlen 10 Tage nach Erhalt	*we will pay 10 days after receipt*
ein Skonto* von 2%	*a discount of 2%*

* Skonto is a special discount for early payment of an invoice.

 Hören Sie Dialog 2 zu.

FRANZ FISCHER: So, das freut mich sehr. Vielen Dank für den Auftrag.

KUNDE: Wollen wir vielleicht die Bedingungen wiederholen?

FRANZ FISCHER: Aber gerne. Sie erhalten die Lieferung von uns am 20.

KUNDE: Wir bezahlen zehn Tage nach Erhalt. Sie geben uns dafür ein Skonto von 2%.

FRANZ FISCHER: Das ist klar. Also, wir bestätigen das schriftlich.

KUNDE: Danke. Wir erwarten Ihr Schreiben. Auf Wiederhören, Herr Fischer.

AUFGABE 2.1

Wir bestätigen das schriftlich

Herr Fischer schreibt einen Brief an seinen Kunden. Was schreibt er?
Complete Herr Fischer's letter by putting the sentences on the next page into logical order.

Continental
Aktiengesellschaft

Firma König und Schmidt
Am Stadttor
D-98760 Schönstätten

Betr.: Ihre Bestellung, Nr. 101393

Sehr geehrte Herren

Mit freundlichen Grüßen

F. Fischer
Fischer

> Sie bezahlen 10 Tage nach Erhalt.
> Liefertermin ist der 20. dieses Monats.
> Vielen Dank für Ihren Auftrag.
> Ich bestätige unsere Bedingungen.
> Sie bekommen dafür ein Skonto von 2%.

AUFGABE 2.2

Diese Bestellung stimmt nicht

Lesen Sie diese Bestellung. Dann hören Sie der Kassette zu. Ist alles in Ordnung? Wenn nicht, korrigieren Sie bitte den Text.

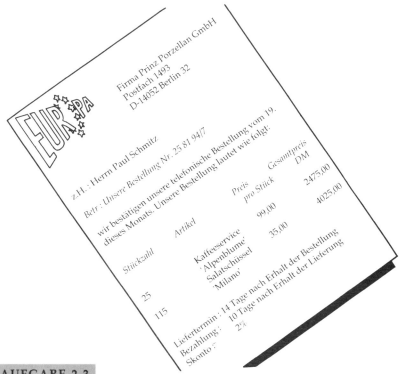

AUFGABE 2.3

Partnerübung

Partner A   You are checking some dates with a colleague but there seems to be some confusion. Your colleague has the correct information. Clarify things with your partner.

Beispiel   Die Betriebsfeier ist am 23., nicht wahr?

Partner B   Your partner is checking some dates with you but seems to have got things rather confused. You have the correct information. Clarify things with your partner.

Beispiel   Die Betriebsfeier? Nein; am 24.

Partner A	**Partner B**
23. : Betriebsfeier	24. : Betriebsfeier
19. : Lieferung von der Firma Peters	18. : Lieferung von der Firma Peters
5. : Besuch aus Holland	6 : Besuch aus Holland
9 : Chef fliegt nach Tokio	10. : Chef fliegt nach Tokio
14. : Marketingkonferenz	15. : Marketingkonferenz

GRAMMATIK   *More about cases – how to say me/to me, you/to you etc.*

You have met these pronouns at different times before. We have put them together in a table so that you can see how they change, depending on the case.

Singular			Plural		
Nom	Acc	Dat	Nom	Acc	Dat
ich	mich	mir	wir	uns	uns
er	ihn	ihm	sie	sie	ihnen
sie	sie	ihr	Sie	Sie	Ihnen
es	es	ihm			

Here is an example of *er* used in the accusative case.

Beispiel   Herrn Fischer? Ich kenne **ihn** gut.

And here is an example of *er* used in the dative case.

Beispiel   Das ist für Herrn Fischer? Ich gebe es **ihm**.

AUFGABE 2.4

Now practise using *ihr, ihm* and *ihnen*.

Beispiel   Das ist für Frau Knopf, nicht wahr? Ich gebe es ihr.

1 – für Christoph?

2 – für Bonny?

3 – für die Kollegen in der Personalabteilung?

4 – für Herrn Fischer?

5 – für Frau Peters?

6 – für die Kinder von Herrn Fischer?

AUFGABE 2.5

Rollenspiel

Partner A   Imagine you are placing an order by telephone with Firma Continental. Here are the notes you have made before you call. Prepare your questions and then make the phone call.

> Liefertermin?
> Bezahlung – wann?
> Skonto – 3%?
> Bestätigung (schriftlich)?

Partner B Your partner wants to check some details before placing an order. Using the information below, prepare your answers.

> Liefertermin: in 14 Tagen
> Bezahlung: 10 Tage nach Erhalt
> Skonto: 2%
> schriftliche Bestätigung

DIALOG 3 *Darf ich Sie zum Essen einladen?*

Eine Einladung für Bonny.

An invitation for Bonny.

 Hören Sie der Kassette zu und sprechen Sie nach:

wenn ich fragen darf	*if I may ask*
haben Sie 'was vor?	*do you have anything planned?*
darf ich Sie zum Essen einladen?	*may I invite you for a meal?*
das paßt sehr gut	*that's very convenient*
ich schreibe alles auf	*I'll write everything down*

 Hören Sie Dialog 3 zu.

RENATE KNOPF: Bonny, wenn ich fragen darf, haben Sie für morgen Abend 'was vor?

BONNY HASTINGS: Im Moment nichts.

RENATE KNOPF: Darf ich Sie zum Essen einladen?

BONNY HASTINGS: Oh, Frau Knopf, das ist eine sehr nette Idee. Vielen Dank.

RENATE KNOPF: Ich schlage vor, Sie kommen um 19.00 Uhr zu mir. Ist das in Ordnung?

BONNY HASTINGS: Ja, das paßt sehr gut. Wo wohnen Sie?

RENATE KNOPF: Warten Sie. Ich schreibe alles auf für Sie.

AUFGABE 3.1

Schreiben Sie alles auf für Bonny

Hören Sie der Kassette zu und machen Sie Notizen und einen Plan für Bonny.

ZU BEMERKEN

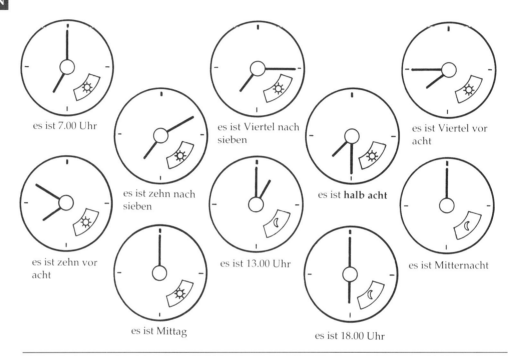

es ist 7.00 Uhr

es ist Viertel nach sieben

es ist Viertel vor acht

es ist zehn nach sieben

es ist **halb acht**

es ist zehn vor acht

es ist 13.00 Uhr

es ist Mitternacht

es ist Mittag

es ist 18.00 Uhr

AUFGABE 3.2

Kommen Sie um 19.00 Uhr

a   Ask your partner what time it is.

Beispiel   Wie spät ist es?
Es ist zwanzig nach sechs

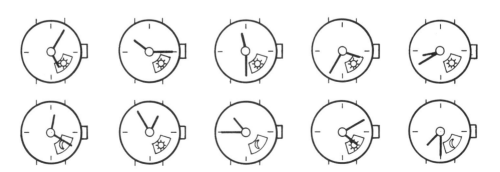

b   Your partner's watch is ten minutes slow. Your partner will ask whether the time is, for example, *zehn nach sieben*. Give the correct time.

Beispiel	Partner A	Ist es jetzt zehn nach sieben?
	Partner B	Nein, es ist schon zwanzig nach sieben
		oder
	Partner A	Ist es jetzt 19 Uhr 10?
	Partner B	Nein, es ist schon 19 Uhr 20

Partner A	Partner B
7.10	7.20
9.35*	9.45*
6.55	7.05
3.30	3.40
8.15*	8.25*
4.05	4.15
5.50*	6.00*
12.00*	12.10*

* = p.m. Remember to use the 24-hour clock.

AUFGABE 3.3

Auskunft

Listen to the cassette and use this information to reply to enquiries.

19.30: Flugnummer BA 159 nach Berlin
18.45: Begrüßungscocktail in der Hotelbar
09.00: Projektbesprechung, Zimmer 086 (bis 12.00)
20.15: Einladung – festliches Abendessen im Rathaus
 7.25: Inter-City Zug nach Baden-Baden

ZU BEMERKEN

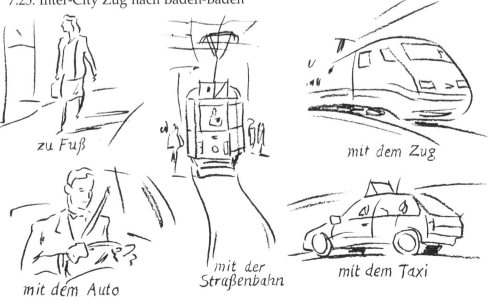

zu Fuß

mit dem Zug

mit dem Auto

mit der Straßenbahn

mit dem Taxi

AUFGABE 3.4

Wie weit ist es? Partnerübung

Partner A   You are new to the area and need to find your way around.
Ask your partner for the information you require using *wie weit ist es?*

Beispiel   Wie weit ist es zum Flughagen?

Partner A
– zum Flughafen
– nach Hamburg
– zur Goethestraße
– zum Hauptbahnhof
– zum Stadttheater

Partner B   A new colleague is asking you for information on how to get to various places from the office. Using this information, answer your partner's questions.

Beispiel   Zum Flughafen? 50 Minuten mit dem Zug

– zum Flughafen	50 minutes by train
– nach Hamburg	3 hours by train/2.5 hours by car
– zur Goethestraße	15 minutes on foot/5 minutes by tram
– zum Hauptbahnhof	20 minutes by tram
– zum Stadttheater	10 minutes by taxi/25 minutes on foot

 ## AUFGABE 3.5

Rollenspiel

Bonny is on her way to Frau Knopf's apartment. She has stopped to buy some flowers for her hostess.

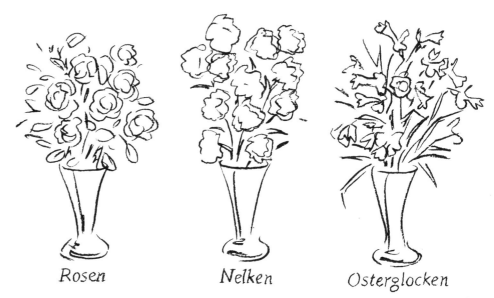

Rosen   *Nelken*   *Osterglocken*

Listen to the cassette and give Bonny's side of the conversation in the gaps provided.

VERKÄUFERIN: Bitte schön. Was darf's sein?
BONNY: *Say, you would like seven carnations*
VERKÄUFERIN: Sieben Stück Nelken. Gut; weiß, rot oder rosa?
BONNY: *Four white and three pink please*
VERKÄUFERIN: Kommt ein bißchen Grün dazu?
BONNY: *Say, yes please.*
VERKÄUFERIN: So, das macht DM 21,00 bitte. Sonst noch etwas?
BONNY: *Ask, how far it is to the Kornblumenstraße?*
VERKÄUFERIN: Fahren Sie mit der Straßenbahn?
BONNY: *Say, yes; is it far?*
VERKÄUFERIN: Nein, nein. Das ist gar nicht weit. Am besten nehmen Sie die Straßenbahn, Linie 19.
BONNY: *Say thank you.*

DIALOG 4 · *Vielen Dank für das Gespräch*

Franz Fischer beendet eine Besprechung mit Herrn Dr. Berger.

Franz Fischer is finishing a meeting with Dr. Berger.

Hören Sie der Kassette zu und sprechen Sie nach:

ich danke Ihnen	*thank you (formal)*
brauchen Sie weitere Informationen?	*do you need further information?*
nur eine Frage	*just one question*
wann führen wir das neue Produkt ein?	*when are we launching the new product?*
das ist alles für heute	*that's all for today*
ich danke auch	*thank you too (formal)*

Hören Sie Dialog 4 zu.

DR. BERGER:	Ich danke Ihnen, Herr Fischer. Das ist alles sehr interessant.
FRANZ FISCHER:	Ja, das finde ich auch. Brauchen Sie jetzt weitere Informationen?
DR. BERGER:	Im Moment nicht. Aber ich habe noch eine Frage. Wann führen wir das neue Produkt ein?
FRANZ FISCHER:	Im Oktober. Und die Winterpräsentation ist im September.
DR. BERGER:	So, gut. In Ordnung. So, ich glaube, das ist alles für heute, nicht wahr?
FRANZ FISCHER:	Ja, das ist alles. Vielen Dank für das Gespräch.
DR. BERGER:	Herr Fischer, ich danke auch. Auf Wiedersehen.

AUFGABE 4.1

Join the phrases together to make complete sentences.

1	Brauchen Sie	a	auch sehr interessant.
2	Ich habe	b	für das Gespräch.
3	Das ist	c	jetzt weitere Informationen?
4	Vielen Dank	d	noch eine Frage.
5	Das finde ich	e	alles für heute.

AUFGABE 4.2

Das ist alles sehr interessant

Here are some of the remarks and questions Dr. Berger made during his meeting with Herr Fischer. Put them into the most likely order and then check your list against their conversation on cassette.

1 Bitte nehmen Sie Platz.

2 Wie finden Sie die Vorschläge für die Werbekampagne?

3 Trinken Sie eine Tasse Kaffee?

4 Guten Tag, Herr Fischer.

5 Was macht die Konkurrenz dieses Jahr?

6 Oh, Entschuldigung, das Telefon.

7 Haben Sie den Marketingbericht da?

8 Wie geht's?

9 Ich kann im Moment leider nicht sprechen. Ich bin in einer Besprechung.

10 Ich möchte mit Ihnen die Verkaufszahlen für Februar besprechen.

GRAMMATIK   *More about in . . .*

You have used *in* plus the noun in the dative case to express the idea of where someone or something is:

Beispiel Er ist **im** Büro, sie ist **in der** Kantine.

If you want to express the idea of 'going to' or 'into' somewhere, you use *in* plus the noun in the accusative case. Here are some examples:

er geht **in den** Sitzungsraum

er ist **im** Sitzungsraum

sie geht **in die** Personalabteilung

sie ist **in der** Personalabteilung

wir gehen **ins** Restaurant

sie sind **im** Restaurant

AUFGABE 4.3

Wo ist . . .? Partnerübung

Nobody is quite sure where various colleagues are at the moment, so ask each other questions to find out where everyone is. Use the information below to give your answers.

Beispiel Wo ist Herr Fischer?

Partner A   This is where you think the following people are:

Herr Fischer	Personalabteilung
Christoph	Reisebüro
Frau Knopf	Sitzungsraum
Bonny	Bank
Herr Dr. Berger	Restaurant

Beispiel   Herr Fischer? Ist er nicht in der Personalabteilung?

Partner B   This is where you think the following people are:

Herr Fischer	Bank
Christoph	Personalabteilung
Frau Knopf	Restaurant
Bonny	Sitzungsraum
Herr Dr. Berger	Reisebüro

Beispiel   Herr Fischer? Ich glaube, er geht in die Bank.

AUFGABE 4.4

Rollenspiel

You are chairing a meeting which is now coming to an end. One of your colleagues still has a couple of questions. Listen to the cassette and give your side of the conversation in the pause provided.

SIE: *Say, that's very interesting. Is that everything?*
KOLLEGIN: Entschuldigung. Ich habe noch eine Frage. Wann bekommen wir das neue Computersystem?
SIE: *Say, in October; you think the delivery date is October 10th.*
KOLLEGIN: Das ist etwas spät. Wir führen das neue Produkt auch im Oktober ein.
SIE: *Say, you know, but the company cannot deliver before October.*
KOLLEGIN: Schade. Danke für die Information. Das ist alles.
SIE: *Say, thank you for the meeting and goodbye.*

WIEDERHOLUNG

WIEDERHOLUNG 1

Worträtsel

a   Sie sehen hier die 12 Länder der Europäischen Gemeinschaft, aber nicht zusammen, und ohne Namen. Können Sie die 12 Länder identifizieren?

Deutschland
Luxemburg
Frankreich
Großbritannien
Irland
Italien
Portugal
Spanien
Griechenland
Belgien
Dänemark
Holland

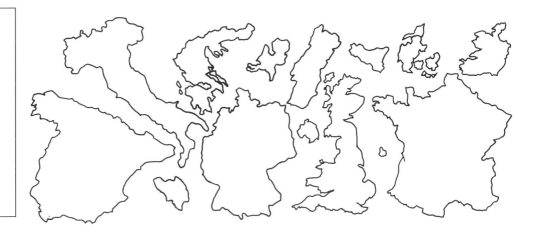

b Die 12 Länder der Europaischen Gemeinschaft sind hier versteckt.
Versuchen Sie, sie zu finden.

```
o   n   c   d   e   u   t   s   c   h   l   a   n   d   e   u   u   p   o   n   a
q   w   e   a   r   p   o   i   u   y   t   p   r   w   z   x   c   f   t   y   u
l   u   x   e   m   b   u   r   g   i   p   o   q   s   d   g   s   d   g   m   n
z   s   d   n   e   r   g   n   s   d   f   r   a   n   k   r   e   i   c   h   w
q   c   g   e   d   g   m   l   p   t   r   t   z   x   q   s   d   f   t   r   e
m   n   b   m   d   s   a   e   r   s   r   u   a   d   f   g   h   k   l   u   i
m   h   t   a   e   d   v   g   s   x   p   g   a   s   d   f   g   h   j   k   l
m   n   g   r   o   s   s   b   r   i   t   a   n   n   i   e   n   l   k   j   u
a   q   b   k   b   v   n   x   m   i   s   l   n   d   e   r   t   h   i   h   j
p   i   t   e   s   d   t   v   a   s   e   w   s   i   t   a   l   i   e   n   c
l   k   j   h   l   d   s   a   e   r   t   c   w   r   e   w   d   v   h   d   i
z   d   t   x   d   g   x   g   u   c   h   k   h   f   t   n   b   n   n   j   y
p   i   t   e   q   a   i   r   l   a   n   d   s   e   a   c   t   a   w   q   j
m   h   t   r   e   w   q   e   q   a   s   w   r   t   n   a   l   h   i   l   w
l   f   h   s   c   v   i   o   n   s   r   v   q   a   z   l   q   r   u   i   p
n   h   y   v   f   r   d   i   e   n   i   e   d   e   o   l   a   e   n   d   e
m   l   p   o   k   n   t   f   v   e   s   c   e   h   c   e   s   n   d   f   h
m   j   u   y   g   d   r   k   l   w   s   a   x   f   t   w   q   a   d   c   g
```

WIEDERHOLUNG 2

Bilden Sie Sätze

Um 18 Uhr	hat er	mit seiner Freundin	mit dem Chef.
Wann	haben wir	in die Personalabteilung	fahren.
Mit diesem Auftrag	geht Christoph	Verständnis	kommen?
Ich	haben	einen Termin	ins Restaurant.
Am 19. April	muß ich	Probleme	dafür.
Sie	möchte	nach Madrid	nicht wahr?

📼 WIEDERHOLUNG 3

Messeinformationen

Listen to the cassette for information about the trade fair DOMOTEX 1993. Fill in the gaps in the text below.

Das wichtigste Branchenereignis . . .

Willkommen auf der DOMOTEX. Aussteller aus .... Ländern präsentieren ihre Produkte. Freuen Sie sich auf .... erfolgreiche Tage in Hannover.

Die DOMOTEX beginnt am ...., den ...., und endet am ...., den .... 1993.

Öffnungszeiten:
täglich von .... bis .... Uhr

Preise:
Tageskarte DM ...., –
Katalog DM ...., –
(inkl. MwSt.)

WIEDERHOLUNG 4

Modernisierung

Franz Fischer and his wife Charlotte want to make some home improvements. They have this information from the *Deutsche Bank*.

Working with a partner, complete this list of home improvements and their cost:

Partner A   **Welche Modernisierungsmaßnahmen kosten wieviel?**

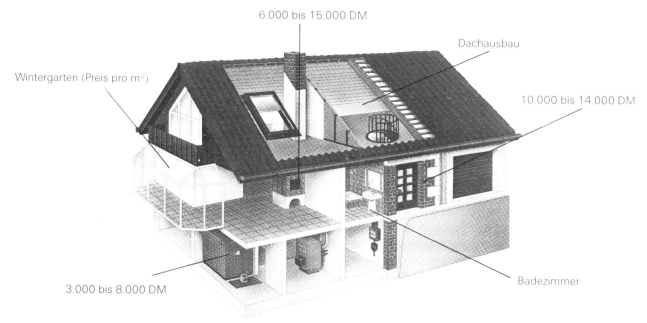

6.000 bis 15.000 DM

Dachausbau

Wintergarten (Preis pro m²)

10.000 bis 14.000 DM

3.000 bis 8.000 DM

Badezimmer

Partner B

Welche Modernisierungsmaßnahmen kosten wieviel?

Kamin, Kachelofen

ab 23.000 DM

1.400 bis 2.200 DM

Fassade mit Dämmung

Sauna

5.000 bis 12.000 DM

WIEDERHOLUNG 5

Eine Besprechung: Rollenspiel

Frau Anna Dittmer is representing her company at a meeting called by *Firma Continental*. Herr Fischer is in the chair.

FRANZ FISCHER

ANNA DITTMER

Say good morning and welcome;
you would like to introduce Ms
Anna Dittmer from *Bürodienst*.

> Say good morning and thank you
> for the invitation.

Offer Ms Dittmer a cup of coffee.

> Ask, does he have some mineral
> water? Explain you don't drink
> coffee.

Say, of course; here it is, ask Ms
Dittmer to introduce her company.

> Say, *Bürodienst* is a family company;
> it is 25 years old; it supplies office
> stationery and computers.

Say thank you for the information.
Ask, does she have a brochure?

> Say, yes, and here is your card.

Abschluß

Now you have completed *Abschnitt 6* you are ready to move on to *Hotel Europa Deutschland. Wir gratulieren!*

Before you do, make sure you can:

• give some simple information about your company, its operations its activities	*. . . ein lang etablierter Familienbetrieb unser Hauptsitz ist in Ulm wir exportieren nach Frankreich*
• check the details of an order	*wollen wir die Bedingungen wiederholen?*
• compose a simple business letter	
• confirm dates	*. . . am 24.*
• specify times	*es ist halb neun*
• extend an invitation	*darf ich Sie . . . einladen?*
• plan a journey	*. . . 10 Minuten zu Fuß*
• say where someone is	*er geht in die Bank*
• bring a meeting to a close	*vielen Dank für das Gespräch*

Auf Wiedersehen im Hotel Europa

GRAMMAR TABLES

der/die/das

	Singular			Plural
nom	der	die	das	die
acc	den	die	das	die
gen	des	der	des	der
dat	dem	der	dem	den

ein/eine/ein and kein/keine/kein*

	Singular			Plural
nom	ein	eine	ein	keine
acc	einen	eine	ein	keine
gen	eines	einer	eines	keiner
dat	einem	einer	einem	keinen

*also for *mein/meine/mein, dein/deine/dein, sein/seine/
sein, ihr/ihre/ihr, unser/unsere/unser, euer/euere/euer,
Ihr/Ihre/Ihr*

Cases

nominative:	for the subject of the sentence
accusative:	for the direct object of the sentence and after some prepositions
genitive:	to indicate possession (but used infrequently in spoken German)
dative:	for the indirect object and after some prepositions

dieser/diese/dieses

	Singular			Plural
nom	dieser	diese	dieses	diese
acc	diesen	diese	dieses	diese
gen	dieses	dieser	dieses	dieser
dat	diesem	dieser	diesem	diesen

Modal auxiliary verbs: *dürfen, können, müssen, sollen, wollen*

dürfen

ich darf	wir dürfen
du darfst	ihr dürft
er/sie/es darf	sie/Sie dürfen

können

ich kann	wir können
du kannst	ihr könnt
er/sie/es kann	sie/Sie können

müssen

ich muß	wir müssen
du mußt	ihr müßt
er/sie/es muß	sie/Sie müssen

sollen

ich soll	wir sollen
du sollst	ihr sollt
er/sie/es soll	sie/Sie sollen

wollen

ich will	wir wollen
du willst	ihr wollt
er/sie/es will	sie/Sie wollen

mögen

In modern German, *mögen* is most commonly used in its conditional form *ich möchte* 'I would like'.

ich möchte	wir möchten
du möchtest	ihr möchtet
er/sie/es möchte	sie/Sie möchten

ich/du/er/sie/es

nom	ich	du	er	sie	es
acc	mich	dich	ihn	sie	es
gen	*this case has fallen into disuse*				
dat	mir	dir	ihm	ihr	ihm

wir/ihr/sie/Sie

nom	wir	ihr	sie	Sie
acc	uns	euch	sie	Sie
gen	*this case has fallen into disuse*			
dat	uns	euch	ihnen	Ihnen

Word order

In main clauses, the verb is always the second idea.

Frau Knopf	bestellt	Bürozubehör.
Christoph	hilft	Bonny beim Fotokopieren.

The verb and the subject are inverted when the subject is not the first idea in the sentence.

Um 16.00 Uhr	hat er	eine Besprechung.
Meistens	nehme ich	das Tagesmenü.

GLOSSARY

Each noun is followed by the plural form in brackets then the gender (m = masculine, f = feminine, n = neuter). Verbs are given in their infinitive form. Separable verbs are marked as follows: ab/biegen. Meanings are given as meanings in this context plus other common meanings as appropriate.

ab *from*
ab/biegen *to turn (into a road/corridor)*
Abend(–e) m *evening*
Abendessen( ) n *evening meal, dinner*
aber *but*
Abflug(¨e) m *flight departure*
ab/holen *to collect*
ab/hören *to listen to telephone messages*
Abkürzung(–en) f *abbreviation*
Abonnement(–s) n *subscription*
Abreise(–n) f *departure*
Abschluß(¨sse) m *conclusion, end*
Abschnitt(–e) m *chapter, section*
Abteilung(–en) f *department*
Abteilungsbesprechung(–en) f *departmental meeting*
Abteilungsleiter/in(–/nen) m/f *head of department*
ach *oh*
ach so *oh really*
acht *eight*
achtzig *eighty*
Adreßbuch(¨er) n *address book*
Adresse(–n) f *address*
AG(= Aktiengesellschaft(–en) f *joint stock company, PLC equivalent*
Agentur(–en) f *agency*
Ahnung(–en) f *idea, inkling*
alkoholfrei *alcohol-free*
allein *alone*
alles *everything*
alles andere *everything else*
also *therefore, so*
alt *old*
Altstadt(¨e) f *old town*
am(= an dem) *on/at the . . .*
am Apparat *speaking (on the phone)*
am besten *best*
Amerika *USA*
Amerikaner/in(–/–nen) m/f *American*
Amt(¨er) n *public office*
am Wochenende *at the weekend*
Analyse(–n) f *analysis*
an/bieten *to offer, provide*
angestellt *employed*
an Hand *on the basis of . . .*
an/kreuzen *to tick (lit. to cross)*
Ankunft(¨e) f *arrival*
Anruf(–e) m *telephone call*
an/rufen *to telephone*
Anschrift(–en) f *address*
Antwort(–en) f *answer*
antworten *to answer*
Apfelsaft(¨e) m *apple juice*
Apparat(–e) m *machine, instrument*
Appetit(–) m *appetite*
April m *April*
Arbeit(–en) f *work*
arbeiten *to work*

Arbeitsamt(¨er) n *employment office, job centre*
Arbeitstag(–e) m *working day*
Arbeitstisch(–e) m *desk*
Artikel(–) m *article*
Assistent/in(–en/–nen) m/f *assistant*
Atmosphäre(–n) f *atmosphere, ambience*
attraktiv *attractive*
auch *also*
auf *on*
auf der rechten Seite *on the right-hand side*
Aufenthalt(–e) m *stay, period of residence*
Aufenthaltserlaubnis(–se) f *residence permit*
Aufgabe(–n) f *task*
auf/nehmen *to take up (e.g. appointment)*
auf/schreiben *to write down*
Auftrag(¨e) m *order*
auf Urlaub *on holiday*
auf Wiederhören *goodbye (on the phone)*
auf Wiedersehen *goodbye*
Aufzug(¨e) m *lift*
August m *August*
aus *out of*
Ausflug(¨e) m *outing*
aus/füllen *to fill in*
Ausgang(¨e) m *exit*
ausgezeichnet *excellent*
Auskunft(¨e) f *information*
Aussage(–n) f *announcement*
Aussteller(–) m *exhibitor*
Ausstellung(–en) f *exhibition, show*
Australien *Australia*
Auswahl(–en) f *selection, choice*
Auto(–s) n *car*
Autobahn(–en) f *motorway*
Automat(–en) m *machine*

backen *to bake, cook (in oven)*
Bad(¨er) n *bath*
Badezimmer(–) n *bathroom*
Bahn(–en) f *railway, tram*
Bahnhof(¨e) m *railway station*
Bahnverbindung(–en) f *rail connections*
bald *soon*
Bank(–en) f *bank*
Bankangestellte(–n) f *bank clerk*
Bankangestellter(–e) m *bank clerk*
Bankettleiter/in(–/–nen) m/f *functions manager*
Baufirma(–en) f *construction company*
Bauleiter/in(–/–nen) m/f *construction manager*
Baumarkt(¨e) m *diy/building supplies store*

beantworten *to answer*
bedauern *to regret*
bedeuten *to mean, signify*
beenden *to bring to an end*
beginnen *to begin, start*
begleiten *to escort, accompany*
Begrüßungscocktail(–s) m *welcome drink*
bei *at (home/company)*
Beilage(–n) f *side order of vegetables*
Beispiel(–e) n *example*
bekommen *to obtain, receive, get*
Belgien *Belgium*
bemerken *to notice, remark*
Bemerkung(–en) f *observation, remark*
benutzen *to use, make use of*
Benutzer(–) m *user(m/f)*
Benutzerzahl(–en) f *user code*
Bequemlichkeit(–en) f *comfort*
Bericht(–e) m *report*
Beruf(–e) m *profession, occupation*
Berufsberatung(–en) f *careers advice*
beschäftigen *to employ*
beschreiben *to describe*
besprechen *to discuss, talk about*
Besprechung(–en) f *discussion, meeting*
bestätigen *to confirm*
Bestätigung(–en) f *confirmation*
Bestellbogen(–) m *order form*
bestellen *to order*
Bestellnummer(–n) f *order number*
Bestellung(–en) f *order*
Besuch(–e) m *visit*
besuchen *to visit*
Besucher(–) m *visitor (m/f)*
Betr. (= Betreff) *ref., re*
betragen *to amount to, total*
betreuen *to look after, supervise*
Betrieb(–e) m *company, firm*
Betriebsbesichtigung(en) f *company visit, tour*
Betriebsfeier(–) f *office party*
Betriebsferien (pl) *works holidays*
Betriebskantine(–n) f *company canteen*
bezahlen *to pay for*
Bezahlung(–en) f *payment*
Bier(–) n *beer*
Biersorte(–n) f *type of beer*
Bild(–er) n *picture*
bilden *to make, form, shape*
billig *cheap, inexpensive*
bin *(I) am*
bis *up to, until*
bist *(you) are (informal)*
bis zum Ausgang *to the exit*
bitte *please, excuse me*
bitte, bitte *don't mention it*
bitten *to ask for, request*
bitte schön *please*
bleiben *to stay, remain*

Blume(–n) f   *flower*
Börse(–n) f   *Stock Exchange*
Bouillon(–) n   *clear soup*
Branche(–n) f   *sector (e.g. industrial, commercial)*
brauchen   *to need*
Brauerei(–en) f   *brewery*
Brief(–e) m   *letter*
Briefpapier(–) n   *stationery*
Briefumschlag(–̈e) m   *envelope*
bringen   *to bring*
Broschüre(–n) f   *brochure, leaflet*
Brunnen(–) m   *fountain*
Buch(–̈er) n   *book*
buchen   *to book*
Bücherregal(–e) n   *bookshelf*
Buchhandlung(–en) f   *bookshop*
buchstabieren   *to spell*
Bulgarien   *Bulgaria*
Büro(–s) n   *office*
Büromöbel (pl)   *office furniture*
Bürozubehör(–) n   *office accessories*
Bus(–se) m   *bus, coach*
Buß- und Bettag   *Day of Repentance and Prayer*
Butter(–) f   *butter*

Chaos(–) n   *chaos*
Chef(–s) m   *boss, line manager*
Christi Himmelfahrt   *Ascension Day*
City(–) f   *town/city centre*
Computer(–) m   *computer*
Computerkurs(–e) m   *computer course*
Computersystem(–e) n   *computer system*

da   *there*
dabei   *at/during something*   near/close
Dachausbau(–ten) m   *loft conversion*
dafür   *for*
damit   *so that*
Dämmung(–en) f   *cladding*
danach   *after that*
daneben   *next to something*
danke   *thank you*
danken   *to thank*
dann   *then*
darüber   *about something*
das (n)   *the*
das heißt   *i.e.*
das paßt sehr gut   *that's very convenient*
daß   *that*
Datum(–en) n   *date*
dauern   *to last, take time*
davon   *from/of something*
der (m)   *the*
Deutscher/Deutsche (m/f)   *German*
Deutschland   *Germany*
Dezember m   *December*
Dialog(–e) m   *dialogue*
die (f)   *the*
Dienstag m   *Tuesday*
dieser/diese/dieses (m/f/n)   *this*
die Treppe hoch   *up the stairs*
diktieren   *to dictate*
DIN (= Deutsche Industrienorm) A4   *A4*

direkt   *direct, directly, immediately*
direkt gegenüber   *immediately opposite*
Diskette(–n) f   *floppy disc*
diskutieren   *to discuss*
Donnerstag m   *Thursday*
Doppelzimmer(–) n   *double room*
dort   *there*
dorthin   *(to) there*
drei   *three*
dreißig   *thirty*
dringend   *urgent, urgently*
drittens   *thirdly*
drüben   *over there*
drücken   *to push, press*
du   *you (familiar)*
dürfen   *to be allowed to (may)*

Ecke(–n) f   *corner*
EDV-Zentrum(–en) n (= elektonische Datenverarbeitung)   *computer centre*
Ehefrau(–en) f   *wife*
Ehemann(–̈er) m   *husband*
Ei(–er) n   *egg*
Eilpaket(–e) n   *express parcel, package*
ein bißchen   *a little*
ein/e (m/n/f)   *a, an*
einen Moment   *just a minute*
einfach   *simple, simply*
einfach toll   *just great, wonderful*
ein/führen   *to launch*
ein/geben   *to log information on computer*
Einkauf(–̈e) m   *purchase, purchasing*
ein/kaufen   *to buy, purchase*
ein/laden   *to invite*
Einladung(–en) f   *invitation*
einmal   *once*
eins   *one (number)*
ein/tragen   *to enter details (manually)*
Einzelzimmer(–) n   *single room*
Eis(–) n   *ice-cream, ice*
Empfang(–̈) m   *reception*
empfehlen   *to recommend*
Ende(–) n   *end, ending*
endlich   *at last*
England   *lit. England; often used for GB/UK*
Engländer/in(–/–nen)   *lit. English man/woman; often used to describe UK nationality*
englisch   *English*
entfernt   *distance away from*
entlang   *long*
sich entschuldigen   *to ask someone to excuse you*
Entschuldigung(–en) f   *apology, sorry*
entweder   *either*
er   *he/it*
Erdgeschoß(–sse) n   *ground floor*
Ereignis(–se) n   *event*
erfolgreich   *successful, successfully*
erfolgen   *to follow on from something*
Erhalt(–) m   *receipt of 5th*
erhalten   *to receive*
erklären   *to explain, run through*
erreichen   *to arrive at, reach, get to*
erst   *not until*
erstens   *firstly*

erstklassig   *first class*
Erwachsener/e (–n) m/f   *adult*
erwarten   *to expect, anticipate*
es   *it*
es gibt   *there is*
essen   *to eat*
Essen(–) n   *meal*
es tut mir leid   *I'm sorry*
etabliert   *established*
etwas   *something*
Europa   *Europe*
europäisch   *European*
Export(–e) m   *export*
Exportabteilung(–en) f   *export department*
Exportanteil(–e) m   *export share*
exportieren   *to export*
Exportmarkt(–̈e) m   *export market*

Fabrik(–en) f   *factory*
Fachbereich(–e) m   *academic department/subject area*
fahren   *to travel, go by public transport/car*
Fahrschein(–e) m   *ticket for public transport*
Fahrverbindung(–en) f   *public transport connection*
falsch   *wrong, incorrect*
Familie(–n) f   *family*
Familienbetrieb(–e) m   *family firm*
Familiengast(–̈e) m   *family guest*
Familienkarte(–n) f   *family ticket*
Familienname(–n) m   *surname*
Farbfernseher(–) m   *colour TV*
Fassade(–n) f   *facade, exterior*
faxen   *to send a fax, fax*
Faxgerät(–̈e) n   *fax machine*
Februar m   *February*
fehlen   *to be absent, missing*
Fehler(–) m   *mistake*
Feier(–n) f   *celebration, party*
feiern   *to celebrate*
Feiertag(–e) m   *public holiday*
fein   *fine*
Fenster(–) n   *window*
Fensterrahmen(–) m   *window frame*
fern/sehen   *to watch TV*
Fernsehen(–) n   *television*
Fernseher(–) m   *TV set*
fertig   *ready, finished*
festlich   *festive, in celebration*
Finanzbüro(–s) n   *finance office*
Finanzleiter/in(–/–nen) (m/f)   *finance director*
finden   *to find, locate*
Firma(–en) f   *company, firm*
Firmeninformation(–en) f   *company information*
Fisch(–e) m   *fish*
Fitneßraum(–̈e)   *gymnasium, fitness centre*
Fleisch(–) n   *meat*
fliegen   *to fly*
Flug(–̈e) m   *flight*
Flughafen(–̈) m   *airport*
Flugnummer(–n) f   *flight number*
Flugschein(–e) m   *air ticket*

folgend   *following*
Forelle(–n) f   *trout*
Formular(–e) n   *form, proforma*
Forschung(–en) f   *research*
Foto(–s) n   *photograph*
fotokopieren   *to photocopy*
Fotokopierer(–) m   *photocopier*
Frage(–n) f   *question*
fragen   *to ask (question, for information)*
Frankreich   *France*
französisch   *French*
Frau(–en)   *woman, Mrs, Ms*
Fräulein   *Miss*
frei   *free, clear, available*
frei/halten   *to keep clear*
Freitag m   *Friday*
Freitags   *on Fridays*
sich freuen   *to be glad, pleased to . . .*
Freund/in (–e/–nen) m/f   *friend, boy/girlfriend*
freundlich   *friendly, sincere, sincerely*
frisch   *fresh, new, recent*
Fronleichnam m   *Corpus Christi*
Frühjahr n   *spring*
Frühjahrsmesse(–n) f   *Spring Fair*
Frühling m   *spring*
Frühstück(–e) n   *breakfast*
Frühstückspause(–n)   *mid-morning break*
fünf   *five*
fünfzig   *fifty*
funktionieren   *to function*
für   *for*
Fußball m   *football*

Galerie(–n) f   *gallery*
ganz   *quite, complete*
gar *as in* gar nicht   *not at all*
Garten (⁻) m   *garden*
Gast(⁻e) m   *guest*
Gaststätte(–n) f   *restaurant*
geb. Camembert mit
    Preiselbeeren   *deep-fried camembert with cranberries*
Gebäude(–n) n   *building*
geben   *to give*
Gebrauchsanweisung(–en) f
    instructions for use
Geburtsdatum(–date) n   *date of birth*
Geburtsort(–e) m   *place of birth*
Geburtstag(–e) m   *birthday*
Geburtstagsgeschenk(–e) n   *birthday present*
Geduld(–) f   *patience*
Geflügel(–) n   *poultry*
gehen   *to go*
Geld(–er) n   *money*
gem. (= gemischter) Salat (–e)
    m   *mixed salad*
genau   *exact, exactly*
gepflegt   *lit. cared for, superior*
geradeaus   *straight ahead*
Gerät(–e) n   *machine*
gern   *lit. with pleasure*
Gesamtpreis(–e) m   *total price*
Gesamtsumme(–n) f   *total charge*
Geschäft(–e) n   *business*
Geschäftsessen(–) n   *business meal*

Geschäftsführer(–) m   *managing director*
Geschäftsführung(–en) f   *top management*
Geschenk(–e) n   *gift, present*
geschlossen   *closed*
Gesellschaft(–en) f   *company, society*
gesetzlich   *legal, legally*
gesetzlicher Feiertag m (gesetzliche Feiertage)   *public holiday*
Gespräch(c) n   *conversation, informal discussion*
Getränk(e) n   *drink*
Getränke-Automat(–en) m   *drinks dispenser*
gez. (= gezeichnet)   *signed*
Glas(⁻er) n   *glass, glass of*
glauben   *to believe, think*
gleich   *immediate, immediately, straight away*
GmbH (= Gesellschaft mit beschränkter Haftung) f   *company with limited liability, equivalent to limited company*
Grammatik(–) f   *grammar*
gratulieren   *to congratulate*
Griechenland   *Greece*
groß   *big, large*
Größe(–n) f   *size*
grün   *green*
Gründungsjahr(–e) n   *year of foundation, establishment*
Gruppe(–n) f   *group*
Gruppenaufgabe(–n) f   *group task*
Gruß(⁻sse) m   *greeting, regard(s)*
gut   *good, well*
guten Appetit   *enjoy your meal*
guten Tag   *hallo, good morning*

haben   *to have*
haben Sie jetzt Zeit?   *do you have some time now?*
halbfertig   *semi-finished*
Hallo   *hello*
Hals(⁻e) m   *throat*
Hauptabteilung(en) f   *main department, section*
Hauptbahnhof(⁻e) m   *main station*
Haupteingang(⁻e) m   *main entrance*
Hauptempfang(⁻e) m   *main reception*
Hauptgericht(–e) n   *main course (of a meal)*
Hauptlieferant(–en) m   *main supplier*
hauptsächlich   *mainly, principally*
Hauptsaison(–s) f   *high season*
Hauptsitz(–e) m   *registered office*
Hausnummer(–n) f   *number (of house)*
helfen   *to help*
hell   *bright, light*
Herbst(–e) m   *autumn*
herein   *(come) in*
Heringsalat(–e) m   *herring salad*
Herr(–en) m   *Mr, man*
Herz(–en) n   *heart, centre*
herzlichst   *most cordially*
heute   *today*
hier   *here*
hiermit   *herewith*
hin/fahren   *to travel to . . .*

Hinweis(–e) m   *hint, piece of advice*
hoch   *high, tall, highly*
höchst   *most highly*
Hochzeitstag(–e) m   *wedding anniversary*
hoffen   *to hope*
Holland   *Holland, the Netherlands*
Holländer/in(–/–nen) m/f   *Dutch*
Holz(⁻er) n   *wood*
Holzartikel(–) m   *wood article*
Holzmöbel (pl) f   *wood furniture*
hören   *to hear*
Hotel(-s) n   *hotel*
Hotelbar(–s) f   *hotel bar*
Hotelreservierung(–en) f   *hotel reservation*
Hotelzimmer(–) n   *hotel room*
Hühnerbrühe(–n) f   *clear chicken soup*
Hühnerfrikassee(–s) n   *chicken fricassee*
Hund(–e) m   *dog*
hundertprozentig   *100%*

ich   *I*
ideal   *ideal, ideally*
Idee(–n) f   *idea, notion*
ihm   *(to) him, (to) it*
ihnen   *(to) them*
Ihnen   *(to) you (formal)*
ihr   *her, their*
Ihr/e m/f   *your (formal)*
im (= in dem)   *in the/on the*
im Erdgeschoß   *on the ground floor*
immer   *always*
im Voraus   *in advance*
im Moment   *at the moment*
in   *in/at*
Industrie- und Handelskammer (f)   *Chamber of Commerce and Industry*
in einer Besprechung   *in a meeting*
Informatik(–en) f   *computing, computer science*
Information(–en) f   *information*
Informationsblatt(⁻er) n   *information leaflet*
Informationsschalter(–) m   *information desk*
inkl. MWSt. (= Mehrwertsteuer(–) f   *including VAT*
Inland(–) n   *home country, domestic*
in Ordnung   *in order, OK*
insgesamt   *in total, in all*
interessant   *interesting*
international   *international*
Inventur(–en) f   *inventory*
Investition(–en) f   *investment*
Ire (–n) m, Irin (–nen) f   *Irish*
Irland   *Eire, Ireland*
ist   *(he/she/it) is*
Italien   *Italy*
Italiener/in(–/–nen) m/f   *Italian*
italienisch   *Italian*

ja   *yes*
Jahr(–e) n   *year*
Jahresumsatz(⁻e) m   *annual turnover*
Jahreszeit(–en) f   *season (of the year)*
Januar   *January*

jetzt   *now*
Juli   *July*
Juni   *June*

Kachelofen(¨) m   *(Dutch-style) tiled stove*
Kaffee(-s) m   *coffee*
Kaffeemaschine(-n) f   *coffee machine*
Kaffeeservice(-) m   *coffee service*
Kalbsfleisch   *veal*
Kalender(-) m   *diary, calendar*
Kamin(-e)   *hearth, round the fire*
Kantine(-n) f   *canteen*
Karfreitag   *Good Friday*
Karte(-n) f   *business card, card*
Kartoffel(-n) f   *potato*
Käseauswahl(-en) f   *selection of cheeses*
Käseplatte(-n) f   *cheeseboard*
Kassette(-n) f   *(audio) cassette*
Katalog(-e) m   *catalogue*
kaufen   *to buy*
kein/e   *no, none, not a*
kennen   *to know (a person/place)*
kennen/lernen   *to get to know someone, somewhere*
Kind(-er) n   *child*
klar   *clear, obvious, clearly, obviously*
klassisch   *classic, classical(ly)*
klein   *small*
Kleinwagen(-) m   *small car*
Knopf(¨e) m   *key, button*
kochen   *to cook, boil*
Kollege(-n) m   *colleague*
Kollegin(-nen) f   *colleague*
Komfort(-) n   *comfort, luxury*
komisch   *odd, comical*
kommen   *to come*
konferenz(-en) f   *meeting, small conference*
Konferenztisch(-e) m   *conference table*
Konkurrenz(-en) f   *competition*
können   *to be able to*
Kopfschmerzen (pl)   *headache*
Kopie(-n) f   *copy*
kopieren   *to copy*
korrigieren   *to correct*
Kosmetikerin(-nen) f   *beautician*
kosten   *to cost*
Kotelett(-s) n   *chop, cutlet*
krank   *ill, sick*
Küche(-n) f   *kitchen*
Kugelschreiber(-) m   *ballpoint pen*
Kunde(-n) m   *customer*
Kundendienst(-e) m   *customer service*
Kurs(-e) m   *(training) course, exchange rate*
kurz   *short, shortly*
Kuß(¨sse) m   *kiss*

Lage(-n) f   *location, position, situation*
Lager(-) n   *warehouse, stock*
Land(¨er) n   *country*
lang   *long*
lange   *(how) long (for)*
langsam   *slow, slowly*
Leberknödelsuppe(-n) f   *liver dumpling soup*
legen   *to place, lay*

Lehrer/in(-/-nen) m/f   *teacher*
leicht   *easy, easily, light*
leider   *unfortunately*
Leiter/in(-/-nen) m/f   *manager*
lernen   *to learn*
lesen   *to read*
Lieferadresse(-n) f   *delivery address*
liefern   *to deliver, supply*
Liefertermin(-e) m   *delivery date*
Lieferung(-en) f   *delivery*
liegen   *to be on/lie on something*
Limonade(-n) f   *sparkling lemonade*
links   *left, to/on the left*
Liste(-n) f   *list*
Lohnsteuer(-n) f   *income tax*
Lokal(-e) n   *place of entertainment, pub*
Luftbrücke(-n) f   *airlift*
Luxemburg   *Luxembourg*
Luxemburger/in(-/-nen) m/f   *Luxembourger*
Luxus(-) m   *luxury*
Luxushotel(-s) n   *luxury hotel*

machen   *to do, to make*
Mai m   *May*
Mann(¨er) m   *man*
Marketingabteilung(-en) f   *marketing department*
Marketingbericht(-e) m   *marketing report*
Marketingbüro(-s) n   *marketing office*
Marketingdirektor(-en/-nen) m/f   *marketing manager*
Marketingkonferenz(-en) f   *marketing meeting, conference*
Markt(¨e) m   *market*
Marktplatz(¨e) m   *marketplace*
März m   *March*
Maschine(-n) f   *machine, equipment*
Meeting(-s) n   *meeting, working meeting*
mehr   *more*
Mehrwertsteuer f   *VAT*
mein/e m/f/n   *my/mine*
meinen   *to hold a view, take a stand, believe, think*
Meinungsumfrage(-n) f   *opinion poll, survey*
meistens   *mostly*
Menü(-s) n   *set menu*
Messe(-n) f   *trade fair*
Messeinformationen (pl)   *trade fair information*
Meter(-) m   *metre*
mich   *me*
Mietwagen(-) m   *hire car*
Mineralwasser(-) n   *mineral water*
mir   *(to) me*
mit   *with*
Mitarbeiter/in(-/-nen) m/f   *colleague, person you work with*
mit der Post   *by post*
mit freundlichen Grüßen   *with best wishes*
mit/geben   *to give somebody something to take with them*
mit/nehmen   *to take something with you/him*

Mittag(-) m   *midday, 12 noon*
Mittagessen(-) n   *midday meal, lunch*
Mittags   *at midday, lunchtime*
Mitteilung(-en) f   *message*
Mitternacht   *midnight*
Mittwoch   *Wednesday*
möchte (mögen)   *(I etc.) would like, to like*
Modernisierung(-en) f   *refurbishing, modernisation, upgrading*
Moment(-e) m   *moment, minute*
Monat(-e) m   *month*
Montag   *Monday*
morgen   *tomorrow*
Morgen(-) m   *morning*
München   *Munich*
Musik(-) f   *music*
müssen   *to have to do something, must*
Muster(-) n   *sample, model*
Mutter(¨) f   *mother*
MWSt (= Mehrwertsteuer(-n) f   *VAT*

na   *well, so . . . then*
nach   *after*
Nachmittag(-e) m   *afternoon*
Nachricht(-en) f   *news item*
nach/sehen   *to have a look, attend to something*
Nachspeise(-n) f   *dessert*
nächste Woche   *next week*
nächsten Monat   *next month*
nächstes Jahr   *next year*
Name(-n) m   *name*
nämlich   *namely, i.e.*
natürlich   *of course, naturally*
neben   *next to, beside*
Nebengebäude(-) n   *annexe, adjacent building*
nehmen   *to take*
nein   *no*
Nelke(-n) f   *carnation*
neu   *new*
Neujahr n   *New Year*
neun   *nine*
nicht   *not*
nichts   *nothing*
nicht wahr   *isn't it?, don't you?, will she? etc.*
noch   *yet, still*
noch nicht   *not yet*
Nordengland   *Northern England*
normalerweise   *normally, usually*
notieren   *to note, take note of*
Notiz(-en) f   *note*
November m   *November*
Nudelsuppe(-n) f   *noodle soup*
null   *zero, nought*
Nummer(-n) f   *number*
nur   *only*

Obst(-) n   *fruit*
Obstsalat(-e) m   *fruit salad*
oder   *or*
Öffnungszeiten (pl)   *opening times*
OHP-Folie(-n) f   *overhead transparency*
Oktober m   *October*
Omnibus(-se) m   *bus, coach*

Ordnung(–en) f　*order*
Organigramm(–e) m　*organisation chart*
Ort(–e) m　*place, location*
Ost　*east*
Osten m　*the East*
Osterglocke(–n) f　*daffodil*
Ostermontag　*Easter Monday*
Österreich　*Austria*
Österreicher/in(–/–nen) m/f　*Austrian*
Ost-Europa　*Eastern Europe*

Paket(–e) n　*parcel, package*
Papier(–e) n　*paper*
Papiergröße(–n) f　*paper size*
Papierkorb(–e) m　*waste-paper basket*
Papierwaren (pl)　*paper goods, stationery*
Partner/in(–/–nen) m/f　*partner*
Partnerfirma(–n) f　*partner company*
Partnerübung(–en)　*pairwork exercise*
passieren　*to happen*
Person(–en) f　*person*
Personal(–) n　*staff, personnel*
Personalabteilung(–en) f　*personnel department*
Personalleiter/in(–/–nen) m/f　*head of personnel*
Personenzahl(–en) f　*number of people*
persönlich　*personal, personally*
per Telefax　*by fax*
Pfingstmontag　*Whit Monday*
Pizza(–s) f　*pizza*
Plan(–e) m　*plan*
planen　*to plan*
Platz(–e) m　*place, seat*
Polen　*Poland*
Polizei f　*police*
Polstersessel(–e) m　*armchair*
Portugal　*Portugal*
Porzellan(–e) n　*china, porcelain*
Post (no pl) f　*post*
Postfach(–er) n　*PO box*
Postleitzahl(–en) f　*post code*
Post lesen　*to read the post*
Postraum(–e) m　*post room*
Praktikant/in(–en/–nen) m/f　*trainee*
Präsentation(–en) f　*presentation*
präsentieren　*to present*
Preis(–e) m　*price*
Preisliste(–n) f　*price list*
Problem(–e) n　*problem*
problematisch　*problematic, difficult*
Produkt(–e) n　*product*
Produktion(–en) f　*production*
Produktionsleiter/in(–/–nen) f　*production manager*
Produktnummer(–n) f　*product number*
Produktvorstellung(–en) f　*product launch*
Programm(–e) n　*programme*
Programmierer/in(–/–nen) m/f　*computer programmer*
Projektbesprechung(–en) f　*project meeting*
Projektleiter/in(–/–nen) m/f　*project manager*

Prospekt(–e) m　*brochure, leaflet, prospectus*
pro Stück　*per item, each*
Pudding(–s) m　*a flavoured custard dessert*
pünktlich　*punctual, on time*

Qualität(–en) f　*quality*

Rathaus(–er) n　*town hall*
Raum(–e) m　*room, space*
recht　*right, correct*
rechts　*on the right, right*
Rechtsanwalt/in(–e/–nen) m/f　*lawyer*
Regal(–e) n　*shelf*
Reihenfolge(–n) f　*sequence, order*
Reis(–) m　*rice*
Reisebüro(–s) n　*travel agency*
Reiseplan(–e) m　*travel plan*
reservieren　*to reserve*
Restaurant(–s) n　*restaurant*
restlich　*remaining*
Rezeption(–en) f　*reception*
richtig　*correct*
Rindergulasch m　*beef goulash*
Rindfleisch n　*beef*
Rolle(–n) f　*role*
Rollenspiel(–e) n　*roleplay*
rosa　*pink*
Rose(–n) f　*rose*
rot　*red*
rote Grütze f　*a soft fruit puree served as dessert*
Rückruf(–e) m　*return call*
Rückruf erbeten　*please call back*
rufen　*to call*
ruhig　*quiet*
Rußland　*Russia*

sagen　*to say, tell*
Sahne(–n) f　*cream*
Salat(–e) m　*salad*
Salatplatte(–n) f　*salad as main course*
Salatschüssel(–n) f　*salad bowl*
Salatteller(–) m　*salad dish*
Samstag　*Saturday*
Satz(–e) m　*sentence*
schade　*a shame, a pity*
schicken　*to send*
schlecht　*bad*
Schlüssel(–) m　*key*
schmecken　*to taste*
schnell　*quick, quickly*
schon　*already*
schön　*lovely, nice, beautiful*
schottisch　*Scottish*
Schrank(–e) m　*cupboard*
schrecklich　*awful*
Schreibblock(–e) m　*pad of paper*
schreiben　*to write*
Schreiben(–) n　*communication, correspondence, letter (formal)*
schriftlich　*in writing*
Schwarzwald m　*Black Forest*
Schweden　*Sweden*
schwedisch　*Swedish*

Schweinefleisch n　*pork*
schwierig　*difficult*
Schwimmbad(–er) n　*swimming pool*
schwimmen　*to swim*
sechs　*six*
sehen　*to see*
sehr　*very*
sein　*to be*
sein/e m/n　*his/its*
Seite(–n) f　*side, page*
Sekretariat(–) n　*secretary's office*
Sekretär/in(–e/–nen) m/f　*secretary*
selbstverständlich　*of course*
Semester(–) n　*semester, university term*
Semesterferien　*university/college vacation*
Seminar(–e) n　*seminar*
Seminarprogramm(–e) n　*seminar programme*
September　*September*
servieren　*to serve*
setzen　*to place*
sich entschuldigen　*to apologise*
Sicherheit(–en) f　*safety, security*
sicherlich　*surely, of course*
sich freuen auf　*to look forward to*
sich melden　*to report*
sie　*she*
Sie　*you (polite)*
sieben　*seven*
sind　*(we, you, they) are*
Sitzecke(–n) f　*corner seating, place to sit*
Sitzung(–en) f　*formal meeting*
Sitzungsraum(–e) m　*meeting room*
Skiurlaub(–e) m　*skiing holiday*
Skonto(–s) n　*early settlement discount*
so　*so, well*
sofort　*immediately*
Sohn(–e) m　*son*
sollen　*to be obliged to do something, should*
Sommer m　*summer*
Sonderwunsch(–e) m　*special requirement, wish*
Sonntag　*Sunday*
sonst　*otherwise*
sonst noch etwas?　*anything else?*
Sorge(–n) f　*worry, anxiety*
Spanien　*Spain*
Spanier/in(–/–nen) m/f　*Spaniard*
Spaß(–sse) m　*fun*
spät　*late*
später　*later*
spätestens　*at the latest*
Spätzle (pl)　*noodles*
spazieren/gehen　*to go for a walk*
Speisekarte(–n) f　*menu*
Spezialist/in(–en/–nen) m/f　*specialist*
Spezialität(–en) f　*speciality*
Spiel(–e) n　*game*
spielen　*to play*
Spitzenrestaurant(–s) n　*top restaurant*
Sportler/in(–/–nen) m/f　*sportsman/woman*
Sportsendung(–en) f　*TV, radio sports programme*
sprechen　*to speak*

Staatsangehörigkeit(–en) f *nationality, citizenship*
Stadt(¨e) f *town*
Stadtmitte(–n) f *town centre*
Stadtplan(¨e) m *town plan, map*
Stadtverkehr m *town traffic*
Stadtzentrum(–en) n *town centre*
statt/finden *to take place*
Stelle(–n) f *job, post, place*
Stellenbeschreibung(–en) f *job description*
stimmen *to agree a figure*
Stock(¨e) m *floor, storey*
Straße(–n) f *street, road*
Straßenbahn(–en) f *tram*
Stückzahl(–en) f *number of items, quantity*
Student/in(–en/–nen) m/f *student*
studieren *to study*
Studium(–en) n *study, studies*
Stunde(–n) f *hour*
suchen *to look for*
Südafrika *South Africa*
Südafrikaner/in(–/–nen) m/f *South African*
Südengland *South of England*
Suppe(–n) f *soup*
Symbol(–e) n *symbol*

Tag(–e) m *day*
Tag der Arbeit m *Labour Day*
Tag der deutschen Einheit m *Day of German Unity*
Tageskarte(–n) *today's menu*
Tagesmenü(–s) n *set meal of the day*
täglich *daily*
Tagung(–en) f *conference*
Tante(–n) f *aunt*
Tasse(–n) f *cup*
Taste(–n) f *key*
Taxi(–s) m *taxi*
Tee(–s) m *tea*
Teilnehmer(–) m *delegate, participant (m/f)*
Teilnehmerliste(–n) f *list of delegates, participants*
Telefaxnummer(–n) f *fax number*
Telefon(–e) n *telephone*
Telefonanruf(–e) m *telephone call*
Telefonbeantworter(–) m *answerphone*
telefonieren mit *to phone someone*
Telefonnummer(–n) f *telephone number*
Tennisplatz(¨e) m *tennis court*
Tennis spielen *to play tennis*
Termin(–e) m *appointment*
Terminkalender(–) m *appointments diary*
teuer *expensive, dear*
Text(–e) m *text*
Theater(–) n *theatre*
Thema(–en) n *topic, subject*
Thunfisch(–) m *tuna fish*
Ticket(–s) n *ticket*
Tisch(–e) m *table*
Tischlampe(–n) f *desk light*
Tochter(¨) f *daughter*

Tochtergesellschaft(–en) f *subsidiary company*
Toilette(–n) f *toilet*
toll *great, really good, super*
Tradition(–en) f *tradition*
treffen *to meet by arrangement*
Treffen(–) n *meeting*
Treppe(–n) f *stairs, staircase*
trinken *to drink*
tun *to do*
Tür(–en) f *door*
Türrahmen(–) m *door frame*

U-Bahn(–en) f *underground railway*
über *over, above, about*
übermorgen *the day after tomorrow*
übernehmen *to take over*
übersetzen *to translate*
Übersetzung(–en) f *translation*
Übersetzungsagentur(–en) f *translation agency*
Übersetzungsbüro(–s) n *translation office*
Übung(–en) f *exercise, practice*
Uhr(–en) f *clock*
Uhrzeit(–en) f *time of day*
um *about, at, round*
um die Ecke *round the corner*
um 15.00 Uhr *at 3.00 p.m.*
Umsatz(¨e) m *turnover*
Umschlag(¨e) m *envelope, cover*
und *and*
Ungarn *Hungary*
Universität(–en) f *university*
uns *us*
unser/e *our*
unten *downstairs*
unter *under, beneath*
unter der Nummer *on this number*
Unterkunft(¨e) f *accommodation, somewhere to stay*
Unterlage(–n) f *document, paper*
Unterschrift(–en) f *signature*
unzufrieden *dissatisfied*
Urlaub(–e) m *holiday*

Vanilleeis(–) n *vanilla ice-cream*
Venedig *Venice*
veranstalten *to arrange, organise*
Veranstaltung(–en) f *event*
vereinbaren *to agree, settle*
vergessen *to forget*
verkaufen *to sell*
Verkaufsabteilung(–en) f *sales department*
Verkaufsbüro(–s) n *sales office*
Verkaufskonferenz(–en) f *sales conference*
Verkaufsleiter/in(–/–nen) m/f *head of sales*
Verkaufsleitung(–en) f *sales management*
Verkaufszahl(–en) f *sales figure*
Verkaufsziffer(–n) f *sales figure*
Verkehr(–) m *traffic*
Verspätung(–en) f *delay*
Verständnis(–) n *understanding*
verstehen *to understand*

vertreten *to represent*
Vertreter(–) m *representative, agent (m/f)*
Vertretertreffen(–) n *agents' meeting*
Vertriebsgesellschaft(–en) f *distributor*
Verwaltung(–en) f *administration*
Video(–s) n *video*
viel *much, a lot*
vielen Dank *many thanks*
vielleicht *perhaps*
vier *four*
viertens *fourthly*
voll *full*
vollständig *complete*
von *from*
vor *before, in front of*
vor allem *above all*
vor/haben *to intend/plan to do something*
Vormittag(–) m *morning*
vormittags *every morning*
Vorname(–n) m *first name*
vor/schlagen *to suggest*
Vorspeise(–n) f *starter, appetiser*
vor/stellen *to introduce*
Vorstellung(–en) f *introduction*
Vorstellungsgespräch(–e) n *job interview*
Vorwahl(–en) f *area code*

Wagen(–) m *car*
Wagenservice (no pl) m *car service*
Wahl(–en) f *choice*
wählen *to choose, select, dial*
wahr *true*
Wald(¨er) m *woods, forest*
wann *when*
Ware(–n) f *goods*
warten *to wait*
was *what*
was darf's sein? *can I help you (in a shop)*
Wasser(–) n *water*
Weg(–e) m *way, route, path*
wegen *because of*
weh/tun *to hurt*
Weihnachtsfeier(–n) f *Christmas celebration, party*
Weihnachtstag(–e) m *Christmas*
weiß (see also wissen) *white*
weit *far*
weiter *further*
weiter/geben *to pass on*
welcher/welche/welches (m/f/n) *which*
wenn *if*
wenn das Ihnen recht ist *if that's all right with you*
wer *who*
Werbekampagne(–n) f *advertising campaign*
West *west*
Westen(–) m *the West*
Wetter(–) n *weather*
wichtig *important*
wichtigst *most important*
wie *how*
wieder *again*

wiederholen   to repeat, revise
Wiederholung   revision, repeat
auf Wiederhören   goodbye (on the
    telephone)
auf Wiedersehen   goodbye
wie folgt   as follows
wie geht's   how are things?
wie lange?   how long?
Wien   Vienna
wie spät ist es?   what time is it?
willkommen   welcome
Winter m   winter
Wintergarten(-) m   conservatory
Winterpräsentation(-en) f   winter
    presentation, launch
wir   we
wirklich   really
wissen (NB ich weiß)   to know
    something
wo   where
Woche(-n) f   week
Wochenende(-n) n   weekend
wohnen   to live
Wohnung(-en) f   flat, apartment, place
    to live
wollen   to want
Wort(-er) n   word
Wörterbuch(-er) n   dictionary
Wörträtsel(-) n   word puzzle

Zahl(-en) f   figure, number
zahlen   to pay
Zahnarzt(-e) m   dentist
Zeit(-en) f   time
zeigen   to show
Zentrale(-n) f   switchboard, central
    service
Zettel(-) m   note, piece of paper
z.H. von   for the attention of
Zimmer(-) n   room
Zimmerservice(-) m   room service
zu   to
Zubehör(-) n   accessories
Zucker(-) m   sugar
zufrieden   satisfied
zu Fuß   on foot
Zug(-e) m   train
zu/hören   to listen to, hear
zum (= zu dem)   to the
zum ersten Mal   for the first time
zum Schluß   finally
zunächst   first of all
zur(= zu der)   to the
zurück   back
zusammen   together
zwanzig   twenty
Zweck(-e) m   objective, aim, purpose
zwei   two
zweit   second
zweitens   secondly

[handwritten margin note:]
end of phone conversation :—
— Sie auch = you also.
— auf Weiderhören = goodbye on the
    phone